新高考背景下核心素养学业评价研修丛书

XINGAOKAO BEIJING XIA HEXIN SUYANG XUEYE PINGJIA YANXIU CONGSHU

韩立福/总主编

新高考背景下基于核心素养的有效学习与学业评价策略

（总论）

XINGAOKAO BEIJINGXIA JIYU HEXIN SUYANG DE YOUXIAO XUEXI YU XUEYE PINGJIA CELÜE ZONGLUN

韩立福/著

东北师范大学出版社
长　春

图书在版编目（CIP）数据

新高考背景下基于核心素养的有效学习与学业评价策略：总论/韩立福著. —长春：东北师范大学出版社，2019. 3
ISBN 978 - 7 - 5681 - 5546 - 5

Ⅰ. ①新… Ⅱ. ①韩… Ⅲ. ①课程—教学评价—高中 Ⅳ. ①G632. 3

中国版本图书馆 CIP 数据核字（2019）第 041550 号

□责任编辑：黄玉波 □封面设计：张 然
□责任校对：王玉辉 □责任印制：张允豪

东北师范大学出版社出版发行
长春净月经济开发区金宝街 118 号（邮政编码：130117）
电话：0431—84568164
传真：0431—85691969
网址：http://www.nenup.com
东北师范大学出版社激光照排中心制版
辽宁新华印务有限公司印装
沈阳市张士经济技术开发区中央大街六号路 14 甲－3 号
（邮编：110021）
2019 年 3 月第 1 版 2019 年 3 月第 1 次印刷
幅面尺寸：148 mm×210 mm 印张：10 字数：167 千

定价：46.00 元

前　言

新时代呼唤“全面发展的人”

我国政府高度重视学习型社会建设。党的十六大明确提出要创建“全民学习、终身学习”的学习型社会。党的十七大报告提出“建设创新型国家，最关键的是要大幅度提高自主创新能力”。党的十八大提出“完善终身教育体系，建设学习型社会”。党的十九大报告中的第八条“提高保障和改善民生水平，加强和创新社会治理”中指出，办好继续教育，加快建设学习型社会，大力提高国民素质。这说明党和政府高度重视学习型社会建设，并将其作为党的一项重要任务来抓。2017 年陈宝生部长在《人民日报》上撰文发出了“课堂革命”的改革号角，再一次强调深化基础教育人才培养模式改革，掀起“课堂革命”，努力培养学生的创新精神和实践能力。这都是从国家层面来落实学习型社会的建设。2016 年 9 月 13 日发布了《中国学生发展核心素养》，主要内容包括人文基础、自主发展和社会责任，目标是培养全面发展的人。这里所说的“全面发展的人”是具有责任意识、担当意识、会学习、会合作、有创新精神和实践能力的能够自主创业型人才。也就是说新时代呼唤新的“全面发展的人”。

2014 年国务院颁布了《关于深化考试招生制度改革的实施意见》（国发〔2014〕35 号），明确规定自 2014 年启动考试招生制度改革试点，2017 年全面推进，到 2020 年基本建立中国特色现代教育考试招生制度，形成分类考试、综合评价、多元录取的考试招生模式，健全促进公平、科学选才、监督有力的体制机制，构建衔接沟通各级各类教育、认可多种学习成果的终身学习“立交桥”。这是我国新高考制度的总体目标。这个文件具有划时代的历史意义，将创新我国多年来以文理分科为主的高考制度。在“改革考试形式和内容”上强调四点创新：一是完善高中学业水平考试；二是规范高中学生综合素质评价；三是加快推进高职院校分类考试；四是深化高考考试内容改革。对于每个学生成长而言，“学业水平考试”和“综合素质评价”尤为重要。中国学生发展核心素养研究成果发布（经教育部基础教育课程教材专家工作委员会审议）中国学生发展核心素养，核心目标是培养符合新时代精神的全面发展的人，即培养既有核心素养，又有学业水平，还有综合素质方面的符合国家培养目标的“全面发展的人”。

当前，在新高考背景下我们一线学科教师如何培养“全面发展的人”，如何实施“学业水平评价”“综合素质评价”和“发展核心素养”，这是新时代教育教学改革的“热点话题”和重要课题，也是新时代教育改革的主旋律。

为了解决这一重大课题，东北师范大学出版社组织编写的这套《新高考背景下核心素养学业评价研修丛书》在理论方面给予高端引领，在思路方面给予明确指引，在实践方面给予技术指导。这在一定程度上解决了如何落实"学业水平评价""综合素质评价"和"发展核心素养"的重大问题，为一线学科教师指明了方向，提供了可操作的"抓手"。

一、丛书内容

本套丛书包括 18 本书，第一本书是《基于核心素养的有效学习与学业评价策略》（总论），由中国教育科学研究院韩立福研究员执笔，具体阐述了"学业水平评价""综合素质评价"和"发展核心素养"的关系。第一章阐述了基于核心素养的有效学习与学业评价新思路；第二至四章介绍了如何在课前、课中和课后基于核心素养下开展自主探究、合作对话和回归拓展学习以及探讨学业评价的方法、策略和工具；第五章介绍了基于综合素质评价的学科学习文件夹管理方法和策略。这些内容凝聚了韩立福研究员十六年开展课堂教学改革、探索学本课堂的理论与实践研究成果，为广大读者提供了一个全新的课堂教学视野和深度课改的操作途径。

从第二本到第十八本，都是实施课堂教学改革成功学校的一线优秀教师编写的个性化探索成果，都是一线学科教师探索新课程改革的沉甸甸的丰硕成果，结合学科特色阐述了如何在本学科落实"学业水平评价""综合素质评价"和"发展核心素养"的新思路、新策略。

本套丛书涵盖义务教育阶段小学、初中各学科，包括初中语文、数学、英语、物理、化学、生物、道德与法治、历史、地理，小学语文、数学、英语、科学、道德与法治，中小学音乐、体育、美术，以及 1 本总论，共 18 本。

二、丛书特点

本套丛书的主要内容是指导一线教师在新高考背景下结合学科特点发展核心素养、实施学业水平评价和综合素质评价的思路、方法和策略，将国家的重要教育文件结合实践进行“落地”，如对《教育部关于普通高中学业水平考试的实施意见》（教基二［2014］10 号）、《关于加强和改进普通高中学生综合素质评价的意见》（教基二［2014］11 号）和中国学生发展核心素养等重要教育政策文件给予理论层面、实践层面的解读和诠释，并给予实践智慧的支持。同时，其汇聚了北京市东铁营第一中学，河南省洛阳市新城实验学校，四川省成都市四十三中学，山西省教科局教研室、祁县昌源小学、祁县第三小学等所有学本课堂实验学校的探索成果，也是基于实践研究的指导深度课改的指导丛书。本丛书有以下特点：

一是科学性。本丛书深刻体现了素质教育思想和新课程理念，引导一线学科教师做到面向全体、主动发展和全面发展。丛书严格落实国家和教育部相关重要文件政策精神，以综合素质评价、学业水平评价等文件为指导，并将这些重要文件精神具体化、实践化，使课前、课中和课后的发展核心素养和学业水平评价过程、方法更加科学化。

二是系统性。发展核心素养和实施学业水平评价是一个系统化工程。一线学科教师在学科教学中抓住“两条线”和“一个载体”。具体地说，第一条线是在课前、课中和课后落实和培养学生“核心素养”；第二条线是在课前、课中和课后落实学业水平评价，保障学生的学业成绩。“一个载体”就是建立学科学习文件夹，从开学初到学期末，学科教师指导学生学会使用“学科学习文件夹”。这个全程性“载体”记录学生学科核心素养培养和提升学业水平的全过程，表征学生综合素质发展的成长经历。

三是操作性。在整个学科课堂教学体系的课前、课中和课后三个环节中，我们提供了发展学生核心素养的 18 个基本点和学科教学的对接点，以及自主探究、合作对话、回归拓展的有效方法。同时，提供了课前使用基础知识评价单、课中使用问题解决评价单和课后使用目标达成评价单等模板和成功案例。只要一线学科教师认真学习、深刻体会，就能掌握操作要领。

三、使用建议

本套丛书是在新高考大背景下基于发展核心素养的实施学业水平评价的指导丛书，是在我国新一轮基础教育课程改革实践研究基础上提炼和升华出来的课堂教学创新研究成果，其主要目的是引领和指导广大中小学课堂教学改革，发展学生核心素养，实施学业水平评价，大面积提高教育教学质量。由于其理念的先进性、理论的科学性、体系的系统性和方法策略的操作性等特点，我们希望致力于发展核心素养和实施学业水平评价的学校和读者做到理论学习和实践学习相结合，不能像阅读一般性理论著作一样，只是简单地阅读其文本。建议采用两种模式进行学习：一是采用先学习《总论》，然后阅读与学段、学科相同的《分册》书籍进行阅读和研究；二是参加系统的专业化培训和学习。

这套《新高考背景下核心素养学业评价研修丛书》的诞生实属不易，在此我要特别感谢参与此套丛书的编写者、合作者、支持者和关心者：

一是要感谢参与编写的老师。在此感谢丁建军、魏正江、王金华、韩金凤等校长的鼎力支持，感谢你们的大力支持和真诚合作探究。你们努力地改变着传统"耕作"方式，用先进的理念和方式使"学业评价"这颗种子萌芽和开花，用心血和智慧勤奋地培育了“学业评价”这株幼苗，最终实现了春华秋实的“教育梦”。尤其是编委会办公室雷蕾主任，在丛书编辑过程中付出了辛勤的汗水和智慧性劳动，为各位编辑老师提供了专业化的指导和咨询服务，使本套丛书的样式品质得以全面提升。在此表示由衷的谢意！

二是要感谢课堂教学研究的支持者、呵护者——各级领导和教授。感谢中国教育学会原会长顾明远教授、教育部基础教育课程教材发展中心田慧生教授、中国教育报刊社张新洲副社长、中国教育报刊社《中国民族教育》杂志社赵小雅总编等各位领导、专家对此套丛书在编写过程中给予的鼎立相助。同时，感谢东北师范大学出版社编辑部各位编辑老师，在你们的精心指导和无私帮助下使“学业评价”这棵小树苗壮成长，在此一并表示深深的敬意和谢意！

由于时间仓促，本套学业评价丛书在理论建构和实践层面上可能存在一些问题，敬请各位同仁谅解，在此表示歉意！我们将会继续努力！

中国教育科学研究院
韩立福
2018 年 7 月 20 日

目 录

绪　论

新高考背景下处理好学业水平、核心素养和综合素质评价的关系

目前，在新高考背景下有三个热点关键词，即综合素质评价、学业水平和核心素养。对中小学而言，我们应如何把握当前这三个教育教学改革的热点？如何处理好三者的关系？如何将其科学地落实到学生身上从而取得理想的教学效果呢？以上这些是我们当前需要思考和解决的现实课题。可以说，解决好这个课题对于中小学教师践行课堂教学改革，培养具有核心素养、责任意识、创新意识和实践能力的一代新人将产生十分重要的指导意义。

提高学业水平，培育核心素养，实施综合素质评价，这是国家层面对学生发展提出的要求，也是促进学生素质发展的有效策略和政策保障。

2014 年，有关部门颁布了《国务院关于深化考试招生制度改革的实施意见》，明确规定 2014 年开展考试招生制度改革试点工作，2017 年全面推进，到 2020 年基本建立中国特色现代教育考试招生制度，形成分类考试、综合评价、多元录取的考试招生模式，健全促进公平、科学选才、监督有力的机制，构建衔接各级各类教育、认可多种学习成果的终身学习“立交桥”。可以说，这是我国新高考制度的总体目标。这个实施意见具有划时代的历史意义，将创新我国的高考制度。它在改革考试形式和内容方面强调四点创新：第一，完善高中学业水平考试；第二，规范高中学生综合素质评价；第三，加快推进高职院校分类考试；第四，深化高考考试内容改革。对于学生而言，学业水平考试和综合素质评价尤为重要。教育部基础教育课程教材专家工作委员会审议并发布了中国学生发展核心素养研究成果，提出中国学生发展核心素养的核心目标是培养符合新时代精神的全面发展的人。由此可以看出，我们应培养出既有核心素养、学业水平，又有综合素质的符合国家培养目标的全面发展的人。

一、解读学业水平考试、发展核心素养和综合素质评价

学业水平考试是国家已经全面实施的一项重大的教育政策和制度，是根据国家普通高中课程标准和教育考试规定，由省级教育行政部门组织实施的考试，主要衡量学生是否达到国家规定学习要求的程度，是保障教育教学质量的一项重要制度。实施学业水平考试的重要意义在于有利于促进学生认真学习每门课程，避免严重偏科；有利于学校准确把握学生的学习状况，改进教学管理；有利于高校科学选拔适合学校特色和专业要求的学生，实现高中、高校人才培养的有效衔接。

在实施学业水平考试时要遵循三大原则：一是坚持全面考

核，使学生能够完成国家规定的各门课程的学习；二是坚持自主选择，为每位学生提供更多的选择机会，促进学生发展学科兴趣与个性特长；三是坚持统筹兼顾，促进高中改善教学质量，为高校选拔学生服务，并减轻学生过重课业负担和学习压力。首先，“全面考核”是指将教育部规定的普通高中课程方案中所设定的科目均列入学业水平考试范围。如，语文、数学、外语、思想政治、历史、地理、物理、化学、生物等科目的考试，由省级教育行政部门统一组织；艺术（或音乐、美术）、体育与健康、通用技术、信息技术考试，可由省级教育行政部门制定并统一实施。其次，“自主选择”是指在实行高考综合改革的省（自治区、直辖市），由学生根据报考高校的要求和自身特长，在思想政治、历史、地理、物理、化学、生物等科目中自主选择。最后，“统筹兼顾”是指在全面实施学业水平考试的同时，要深化高中课堂教学改革，创新教学方法，使学生具备新时代所需的学习能力，提高学生的学习效率，减轻学生过重的课业负担和学习压力。因此，绝不能在加强学业水平考试的同时，增加学生的学业负担和学习压力，要让学生学会学习，促进学生的全面发展，从而使学生能够有效学习。

2016 年 9 月 13 日，经教育部基础教育课程教材专家工作委员会审议，中国学生发展核心素养的研究成果发布了，明确了中国学生发展的核心素养。核心素养以培养“全面发展的人”为核心，分文化基础、自主发展、社会参与三个方面，综合表现为人文底蕴、科学精神、学会学习、健康生活、责任担当、实践创新六大要素，具体细化为人文积淀、人文情怀、审美情趣、理性思维、批判质疑等十八个基本点。各素养之间是相互联系、互相补充、相互促进的关系，在不同情境中整体发挥作用。中国学生发展核心素养的核心目标是培养全面发展的人，具体内容请看框架图：

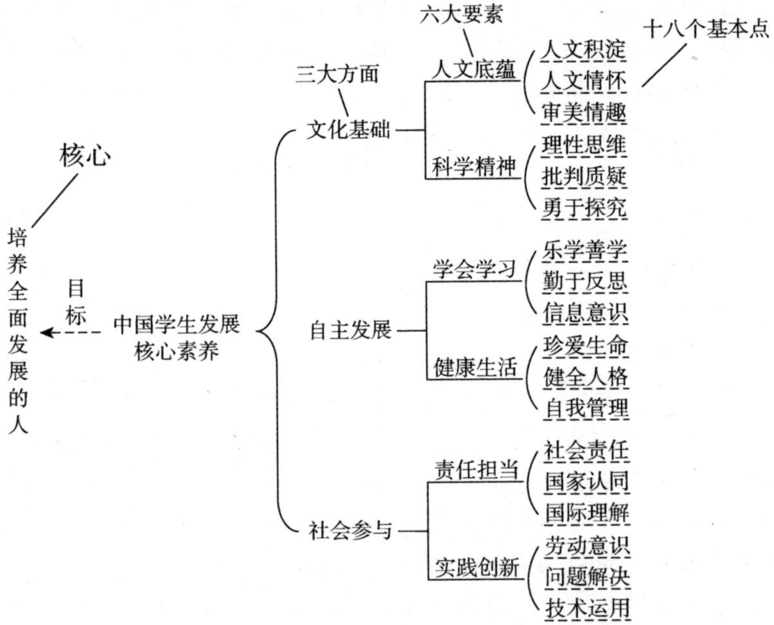

如何发展学生的核心素养是广大中小学教师最为关注的一个重大课题，也是当下我们需要解决的一个现实问题。毋庸置疑，发展学生的核心素养主要是在学校教育教学过程中进行的，学科教学、学科课堂教学是发展学生核心素养的主阵地。

《国务院关于深化考试招生制度改革的实施意见》中提出，要规范高中学生综合素质评价。综合素质评价主要反映学生德、智、体、美全面发展的情况，是学生毕业和升学的重要参考。该实施意见强调，要建立规范的学生综合素质档案，客观记录学生成长过程中的突出表现，注重学生的社会责任感、创新精神和实践能力。它主要包括学生思想品德、学业水平、身心健康、兴趣特长、社会实践等内容。之后，国家发布了《教育部关于加强和改进普通高中学生综合素质评价的意见》，转变以考试成绩为唯一标准评价学生的做法，为学生积极主动地发展、为学校把握学生成长规律、为促进评价方式改革以及为切实转变人才培养模式提供了途径和依据。可见，它的最终目的是培养德、智、体、美全面发展的一代新人。

二、新高考制度要求既要提高学生学业水平，又要发展学生核心素养

这里有一个值得大家讨论的问题，即发展学生的核心素养是在传统的以教师教授知识为主的学科课堂教学中培养，还是在体现新课程理念和特征的改进后的课堂教学中培养？笔者认为，发展学生的核心素养不能靠教师的说教和管教，它是在体现素质教育思想及新课程理念的“土壤”中孕育出来的。如，学生自主发展中的“学会学习”是指学生在学习意识形成、学习方法选择、学习进程调控等方面的综合表现。具体包括乐学善学、勤于反思等基本要点。又如，“实践创新”主要是指学生在日常活动、问题解决、适应挑战等方面所形成的实践能力、创新意识和行为表现。具体包括劳动意识、问题解决等基本要点。就以上两点来看，“学会学习”和“实践创新”不是通过教师说教就能培养出来的，而是通过改变教学方式，通过学生自主合作探究学习培养出来的。

《国务院关于深化考试招生制度改革的实施意见》着重强调要完善高中学业水平考试。从这里我们不难看出，学业水平考试是新高考政策的一个重要组成部分。新高考政策要求提高学生的学业水平成绩，将部分学科的学业水平成绩直接纳入或通过换算纳入高考成绩中，这就要求我们普通高中在教学过程中要认真落实有关政策，要高度重视学业水平考试。

我们在进行教学时，要努力提高每位学生的学业水平考试成绩，这是我们一线教师的教学工作底线。我们要在学科教学中全

面培养学生的核心素养，不能片面追求成绩。同时，我们要努力做到既能全面提高学生的学业水平，又能发展学生的核心素养，培养全面发展的一代新人。

三、新高考制度呼唤学生综合素质评价，旨在促进学生的德、智、体、美全面发展

考试招生制度改革是国家基本教育制度改革，《国务院关于深化考试招生制度改革的实施意见》中明确强调要规范高中学生综合素质评价。为贯彻落实《国务院关于深化考试招生制度改革的实施意见》，促进学生全面发展、健康成长，2014 年，国家颁布了《教育部关于加强和改进普通高中学生综合素质评价的意见》。首先，“高中学校要基于学生发展的年龄特征，结合当地教育教学实际，科学确定学生综合素质评价的具体内容和要求”；其次，“高中学校要将学生综合素质档案提供给高校招生使用。高等学校在招生时要根据学校办学特色和人才培养要求，制定科学规范的综合素质评价体系和办法”；最后，“各省（区、市）要提出高中学生综合素质评价基本要求，制定具体办法，于 2015 年 8 月底前报教育部备案。义务教育阶段学生综合素质评价，由各省（区、市）根据学生年龄特点，参照本《意见》制定实施办法”。可以说，它为我们如何实施综合素质评价指明了具体方向。综合素质评价主要反映学生德、智、体、美全面发展的情况，是学生毕业和升学的重要参考。从这里我们可以看出，综合素质评价主要针对的是学生德、智、体、美全面发展的情况。也就是说，综合素质的落脚点就是促进学生德、智、体、美全面发展，努力把学生培养成为德、智、体、美全面发展的一代新人。

四、新高考背景下建立“一体两翼”的立体式相互促进的内在关系

高考制度改革是“牵一发而动全身”的基础教育改革。目前，我们普通高中教育处于新高考背景下。那么，在新高考背景下应如何认识学业水平、核心素养和综合素质评价三者之间的关系？应如何处理三者之间的关系？

新高考政策强调学生的学业水平评价和综合素质评价，发展学生的核心素养则是学业水平评价和综合素质评价之间的桥梁。从实施过程来看，综合素质评价就像飞机的机体，学业水平考试和发展学生的核心素养是这个机体的两翼。同时，三者要有机地结合起来。

学业水平评价基本上可分为过程性学业水平评价和终结性学业水平考试。国家组织的学业水平考试就是终结性学业水平考试，它的考试范围覆盖了国家规定的所有学习科目，目的是引导学生认真学习每门课程，在课程学习上要全面掌握，在知识能力构成上要系统完整。从综合素质评价方面来看，学业水平是综合素质评价的重要组成部分。从概念和范畴上看，综合素质评价是一个大概念、大系统，而学业水平则是一个小概念、小系统，二者是一种内涵性的包含关系。

发展学生的核心素养应在什么时候、通过什么渠道进行呢？主要是在学科教学过程中进行，在学业水平评价的全过程中进行，在对学生实施综合素质评价过程中进行。从实施角度来看，三者是融为一体的内在关系。从培养目标来看，发展学生的核心素养和综合素质评价都是旨在培养德、智、体、美全面发展的人。

从实践角度来看，我们一线学科教师应如何来把握呢？首先，以实施综合素质评价为主。其次，一手抓学生的学业水平，

一手抓学生的核心素养。那么，对义务教育阶段的学科教师而言，我们应如何操作呢？学科教师要积极探索和实施综合素质评价，在学科教学过程中努力培养学生的核心素养。

总之，在新高考背景下，我们一线学科教师要关注和研究学业水平评价、综合素质评价，要发展学生的核心素养。可以说，这既是新时代教育教学改革的热点话题，又是新时代教育改革的主旋律，我们应在教学实践中处理好学业水平、核心素养和综合素质评价这三者的关系。因此，我们应认真学习，深刻领会，努力践行，齐心协力地培养既有学业水平，又有核心素养和综合素质的全面发展的一代新人。

第一章

基于核心素养的有效学习与学业评价新思路

从我国深化教育改革、实施综合素质评价政策的演进来看，1999 年颁布的《中共中央国务院关于深化教育改革，全面推进素质教育的决定》，提出加快改革招生考试和评价制度，改变“一次考试定终身”的状况。2001 年颁布的《国务院关于基础教育改革与发展的决定》（国发〔2001〕21 号），提出探索科学的评价办法，加强对学生能力和素质的考查，改革高等学校招生考试内容，探索多次机会、双向选择、综合评价的考试、选拔方式。2008 年出台的《教育部关于普通高中新课程省份深化高校招生考试改革的指导意见》（教学〔2008〕4 号），提出建立和完善对普通高中学生的综合评价制度，并逐步纳入高校招生选拔评价体系。2013年下发的《教育部关于推进中小学教育质量综合评价改革的意见》（教基二〔2013〕2号），提出基本建立体现素质教育要求、以学生发展为核心、科学多元的中小学教育质量评价制度，切实扭转单纯以学生学业考试成绩和学校升学率评价中小学教育质量的倾向。2014年出台的《国务院关于深化考试招生制度改革的实施意见》（国发〔2014〕35号），明确提出建立规范的学生综合素质档案，客观记录学生成长过程中的突出表现，注重学生的社会责任感、创新精神和实践能力，主要包括学生思想品德、学业水平、身心健康、兴趣特长、社会实践等内容。

从发展和演进历程来看，这是个一步步不断成熟的过程，从提出实施素质教育，到最后的如何实施，都提出了明确的思路、方法和措施。从本质上看，素质教育思想的精髓是：面向全体，主动发展，全面发展，个性发展。其含义是实施素质教育就要做到面向所有学生，使学生学会学习并主动发展，全面发展，在此基础上追求个性化发展。2001年教育部印发《基础教育课程改革纲要（试行）》，其中提出了新课程改革的理念是“一切为了学生全面发展”。发展学生核心素养的目标是培养全面发展的人。上述素质教育思想、课程改革理念和发展核心素养三个目前国内具有重大影响力的、引领国家教育改革的思想和政策，都指向了“全面发展”。所以，如何培养全面发展的人是我国当前教育教学改革的一个重大课题，需要我们一线教师共同关注和高度重视。

《基础教育课程改革纲要（试行）》中提出，“改变课程实施过于强调接受学习、死记硬背、机械训练的现状，倡导学生主动参与、乐于探究、勤于动手，培养学生搜集和处理信息的能力、获取新知识的能力、分析和解决问题的能力以及交流与合作的能力”，明确了“传统学习方式向自主合作探究学习方式转变”是本次课程改革的显著特征和核心任务。也就是说，新课程理念强调教学方式的转变，由学生被动学习转向自主合作探究学习，这是本次课程改革的重要任务之一。发展核心素养强调“自主发展”，其中突出“学会学习”这一核心要素。从教学实践来看，“学习”分为有效学习和低效学习，有效学习是指有目标、有计划、有组织、主动式的在单位时间内高质量完成预期学习目标和学习任务的学习活动，是指有意义的学习活动；低效学习是指虚目标、无计划、听讲式、被动式的未能在单位时间内完成或低质量完成预期学习目标和学习任务的学习活动。本章主要研究在发展核心素养的背景下如何实现有效学习，包括各学科的有效学习，同时研究有效学习过程中在各阶段应如何进行学业评价。

在本书的绪论中，我们对综合素质、核心素养和学业评价三者的关系进行了研究和分析，下面我们分析一下核心素养、有效学习、学业评价三者之间的关系。核心素养相当于学生全面发展的“魂”，贯穿于有效学习的全过程，包括课前、课中、课后的学习；有效学习是培育核心素养的土壤，包括课前有效学习、课中有效学习、课后有效学习；学业评价既包括形成性评价，又包括终结性评价，本书将侧重于分析形成性评价，形成性评价包括对课前有效学习的学业评价、课中有效学习的学业评价和课后有效学习的学业评价。有效学习是核心素养养成的基本平台和途径，学业评价是提高有效学习质量的保障。通过有效学习和学业评价可实现两个目标：一是培养学生核心素养，二是提高学生学业成绩。这也是编写本书的基本思路和主要目的。

一、基于发展核心素养的有效学习理念和原则

有效学习和基于发展核心素养的有效学习是有一定区别的。有效学习的概念是指基于先进教育理念和方法在单位时间内的有效率、有质量的学习活动，在传统教学视野下和新课程教学视野下我们都可以追求有效学习。而基于发展核心素养的有效学习是指基于发展每名学生核心素养的教育理念和教学方法，使学生在单位时间内开展有效率的、有质量的学习活动。在有效学习过程中，应植入“核心素养”这个“魂”，让这个“魂”统领有效学习的全过程。

大家知道，核心素养六大方面十八个基本点均强调自主学习、自主发展，如“学会学习”中包括三点：一是乐学善学，二是勤于反思，三是信息意识，尤其强调让学生掌握适合自身的学习方法，使学生能够开展有效的自主学习，培养其终身学习的意识和能力等。一线学科教师在各学科教学中应体现核心素养，发展学生的学科核心素养，并以发展核心素养为途径使学生实现各学科的有效学习。下面就有效学习过程中应贯彻什么样的有效学习理念，遵循什么样的原则进行专题研究和梳理。

（一）有效学习理念

基于发展核心素养的有效学习，是一个相对大的概念，在一定程度上包括有效教学。随着基础教育课程改革的不断深入，教师以“教”为主的课堂将逐步转向以师生共“学”为主的课堂，于是，有效教学将逐步转向有效学习。但是，有效学习的含义不

是绝对否定和割裂有效教学，而是指教师和学生共同开展学习交流活动，即在师生合作学习过程中，当学生遇到不能解决的问题时，教师要根据需要进行有效教学，以此提高师生合作学习的学习效率，提高有效学习的质量。在培育和发展核心素养的视野下，学科教师在组织有效学习过程中应体现以下理念。

1. 一切以学习者主体为本

在基于发展核心素养的有效学习视野下，学习者是指学生、教师和参与者，学习者是学科学习的主体，其中教师是有效学习活动的组织者、引导者和高级顾问。教师、学生和参与者是“同位”的学习者，是民主、平等、人文的合作学习关系，而不是“上对下”的辈分关系。在有效学习活动中，学科教师要充分尊重学生的学习主体地位，在学生课前自主探究学习、课中合作探究学习、课后拓展探究学习过程中凸显学生的学习主体地位，学科教师应引领学生掌握各种先进的学习方法，鼓励他们开展自主探究和合作探究，让学生真正成为课堂学习的主人，成为学习的主人。这个“以学习者主体为本”的理念要贯穿于每一个学科，贯穿于课前、课中和课后等有效学习的全过程。

2. 一切以学会学习为本

在基于发展核心素养的有效学习背景下，我们追求著名教育家、文学家叶圣陶的教育理想：“教是为了不教。”埃德加·福尔曾说过：“未来的文盲不是目不识丁的人，而是不会学习的人。”在当下信息化时代，对每名学生而言，学会学习尤为重要，不会学习很难适应学习型社会的发展。所以，培养学生学会学习是学科教师的首要任务，学科教师在有效学习过程中不仅要给学生“鱼”，更要给学生“捕鱼”的方法，最终让学生学会终身“打鱼”。学科教师要结合各学科特点进行特色化指导教学。如语文教师要把语文学科的工具性与人文性有机结合起来，这是开展语文有效学习的显著特点。教育家陶行知先生曾说过：“我以为好的先生不是教书，不是教学生，乃是教学生学。”在整个基于发展核心素养的有效学习背景下，学科教师要把教学工作重心进行转移，即从如何教知识转向如何让学生学会学习，这一点应作为一线教师一个重要的教育信条。

3. 一切以培养兴趣为本

“没有爱就没有教育，没有兴趣就没有学习”，这是顾明远教授说的一句话。爱因斯坦也曾说过：“如果把学生的热情激发出来，那么学校所规定的功课就会被当作一种礼物来领受。”如果当下教育能把学生学习兴趣激发出来，学校的这些课程就会当成礼物被学生接受，那么学生也就没有学习压力和负担了。在基于发展核心素养的有效学习背景下，学科教师要高度重视激发学生学习的兴趣。如在第一学段①关注儿童的心理特点，结合生活经验激发学生主动识字的兴趣；在第二学段重视培养学生广泛阅读的兴趣；在第三学段激发和培养学生的写作兴趣。每一位学科教师都要精心呵护、培育学生的学科学习兴趣，不要嘲讽、挫败学生的学习兴趣。学科教师还要在培养学生学习兴趣的基础上培养学生的学科学习能力，发展学生的学习特长。爱因斯坦有句名言，“兴趣是最好的老师”，心理学家也研究表明：人们对自己感兴趣的事物总是力求探索它，认识它。兴趣是一个人力求认识并

① 注释：一般而言，第一学段是指小学一、二年级，第二学段是指小学三、四年级，第三学段是指小学五、六年级。另一种说法是小学一、二年级称为低段，小学三、四年级称为中段，小学五、六年级称为高段。

趋向某种事物特有的意向，是个体主观能动性的一种体现。于是我们能深刻领悟顾明远教授的教育信条：没有兴趣就没有学习。

4. 一切以全面发展为本

马克思关于人的全面发展理论是对的，人类社会的终极目标是实现共产主义社会，共产主义社会呼唤全面发展的人，是脑力与体力和谐发展的人，也是德智体美全面发展的人。我国将发展学生核心素养的核心目标确定为“培养全面发展的人”。在新高考背景下，学科教师如何培养“新时期全面发展的人”是一个重要课题，也是摆在我们面前的共同任务。学科教师在课堂教学活动中要处处体现“全面发展”理念，体现素质教育思想精髓，在学科教学中落实“知识与技能、过程与方法、情感态度价值观”三维目标，尽可能地发展学科核心素养，使核心素养的十八个基本点落到实处，内化到每个学生身上，使学生的道德、社会、知识、能力、身心等方面得到全面发展，不能重知识轻能力，或只关注知识与能力，忽略各学科教学对学生思想感情所起的熏陶作用。学科教师应弘扬以爱国主义为核心的民族精神和以改革创新为核心的时代精神，同时要尊重学生在有效学习过程中的体验和感悟。学科教师应以“全面发展”为育人目标，即促进学生自主发展、主动发展、和谐发展，使学生逐步形成良好的个性和健全的人格。“全面发展的人”不是靠教师说教产生的，而是培养出来的。学科教师要与时俱进，自身也要梳理全面发展的意识和理念，“全面发展”的教师，才能培养出“全面发展”的学生。无论是学生、教师还是家长，都应该携手同进，秉持“全面发展”的理念，走向人的全面发展。

（二）有效学习原则

在发展核心素养的大背景下，如何实现有效学习是我们应该共同面对和思考的新问题。以往的传统教学过分重视学生的知识传授和掌握，忽视情感、道德、社会、责任的培养，也就是忽视了学生的核心素养。那么，如何实现发展核心素养和提高学业成绩的有效学习呢？这里认为学科教师应采取以下原则。

1．因材施导原则

因材施导原则是指教师在学生有效学习过程中，根据学生特点、差异和发展需要，进行有针对性的有效指导。这里“导”是指有效的指导和智慧的指导，“导”字的含义不是“教”，而是体现素质教育思想和新课程理念的“导”，主要是指指导学生学会学习、学会终身学习、学会自主合作探究学习，为终身发展奠基。“因材施导”以我国古老的“因材施教”教育思想为基础，是当下现代教育思想的新体现，是“因材施教”的现代版。

孔子主张的因材施教的教育思想，在中外教育史上影响深远，这与当前的素质教育、面向全体、个性发展有许多相同之处。在学生的学习主体地位得到充分肯定和重视的现代化教育环境下，学科教师在教育教学中应切实贯彻因材施导的原则。下面从能力层次和兴趣爱好两个维度进行简单阐述。

由于每个学生都是不同的，所以他们具有不同的言语资质，其心理发展水平、身体素质、学习基础、家庭环境等方面的不同，导致学生对知识的接受能力也存在差异。为了更好地面向全体学生，使各个层次的学生都能有所提高，在学生的有效学习过程中，教师要打破传统教学中“一刀切”的做法，针对不同层次的学生进行课前、课中、课后全程性导学活动。如面对基础较差的学生时，课前的前置性预习指导非常重要，即提前帮助他们扫清阅读障碍，课中给予个别帮扶，为他们提供展示分享的平台，课后有计划地关注他们的学习反馈及成效，缩小他们与优生之间的差异，使其增强自信，从而提升学习兴趣；面对基础较好的学生时，教师应同样关注课前、课中、课后整个学习过程，尽量引导他们自主阅读、独立思考，在发现问题、分析问题、解决问题、综合应用的学习过程中发散思维，培养其学习能力，全面提高学生的学科素养。

由于学生大脑在第一信号系统、第二信号系统、形象思维和逻辑思维四个方面的优劣决定思维特点上的差异，学生的兴趣爱好也有所不同。有的学生喜欢音乐，有表演天赋，语言方面却不能准确表达，有的学生识记字词、背诵课文确实相比其他学生有难度，从而选择逃避，有的学生沉迷于课外读物，对枯燥的教材理论却提不起兴趣，等等，这是教学中的常见现象。对以上现象，教师不应采取强压措施，动辄向家长告状，或施以各种惩罚措施，而应该鼓励学生在学好阶段性基础知识的基础上发展个人兴趣，还应创造多元的综合性学习平台，引导学生体验学习过程中成功的喜悦，使其发展成为一专多能的人。

2. 自主探究原则

教育的主要目的是培养青少年儿童成为学习的主人、社会的主人、国家的主人，弘扬人的主体性已经成为当今时代发展的主旋律。自主性是人作为一个主体的根本属性，自主发展重在强调能有效管理自己的学习和生活，认识和发现自我价值，发掘自身潜力，有效应对复杂多变的环境，成就出彩人生，最终发展成为有明确人生方向、有生活品质的人。

在中小学有效学习过程中，学科教师应该为学生的自主学习、探究性阅读提供条件，创造环境。首先，教师应转变教学观念。尊重学生的前提是相信学生，比如，很多教师认为小学阶段的学生年龄小，没有独立识字学词的能力，在第二、第三学段的课堂上仍然占用相当的时间进行字词教学，认为小学生对文本的阅读理解不够深入，而在课堂上“侃侃而谈”，或一点点“牵着读”。其实，阅读理解时教师应该呵护学生的初读感悟和独特体验，这需要教师精心策划课前导学策略，从而促进学生的有效学习。其次，建立融洽的师生关系，营造民主、平等、和谐的学习氛围，这是学生自主学习的前提。在课堂学习活动中要做到师生之间相互尊重、相互配合，宽容而不放任，严格而不束缚，需要教师改变评价观，不能仅以“稳重听话”作为评价好学生的标准，对那些敢于对知识质疑、求异的学生也应给予重视。第三，应该培养学生的问题意识。教师应有意识地进行问题训练，培养学生的质疑能力，引导学生在自主学习中学会观察问题、发现问题，尝试解决问题，并根据学生的不同情况，对他们提出问题后给予及时的肯定和鼓励。最后，教师要充分利用课堂教学资源和课外学习资源。2011 版的各学科《课程标准》明确指出，课程资源除了课内外书籍，还包括报刊、工具书、信息网络、社会实践场所、自然风光、风土人情、国内外要事、当红话题等，这些需要学生在课外的自主探究中进行阅读，教师也要通过有计划的导学活动，引导学生在自主探究学习中开阔视野，培养学生收集处理信息的能力等，使学生建立大学科的整合观。

课前、课中、课后系统完整的导学活动，能培养学生的自主探究意识，掌握自主探究的方法，养成自主探究的习惯。

3. 合作探究原则

合作探究原则是指在有效学习过程中，教师要引导学生开展合作探究活动，通过合作探究学习解决重难点问题，培养学生合作探究的学习能力。如义务教育《语文课程标准》（2011 版）中的课程基本理念强调：“语文课程必须根据学生身心发展和语文学习的特点，爱护学生的好奇心、求知欲，鼓励自主阅读、自由表达，充分激发他们的问题意识和进取精神，关注个体差异和不同的学习需求，积极倡导自主、合作、探究的学习方式。”① 由此可见，在小学语文教学中积极倡导合作探究的学习方式是有效学习的重要途径之一。同样，在各个学科的教学过程中，学科教师要积极倡导合作探究学习，培养学生的合作探究能力。那么，怎样在各个学科教学中培养学生的合作探究能力呢？建议从以下几点着手。

一是建立有效合作的团队。在学科教学中实施合作探究学习的前提是要建立能开展有效合作的学习小组，针对班级内学生兴趣、习惯、能力、态度、价值观等的不同进行科学配置，还要让各个小组的“力量值”达到基本均衡，以形成有效的竞争学习小组，使学生在小组内部相互帮助，共同提高。二是学科教师的角色定位要准确，能对学生进行合理引导。在学生的合作探究学习中，教师既不能成为纯粹的旁观者，也不能插手太多，应该成为睿智的引导者。由于学生之间存在差异，教师可根据实际情况进行指导，自主探究能力强，指导可少一些，自主探究能力弱，指导可多一些。三是问题引领，建构宏观课堂观。教师应结合课程

① 中华人民共和国教育部. 义务教育语文课程标准：2011 版［M］. 北京：北京师范大学出版社，2012：3.

内容实际和学生的实际水平设置相应问题，既能突破难点又能彰显重点，既要让每一个学生“吃饱”，又要让他们“跳一跳”才能够得着。用问题引领，将课前的自主探究学习、课中的合作探究学习、课后的拓展探究学习进行整合，这样便于合作探究中的师生互动、生生互动，让学生富有积极性和主动性，让课堂充满无限活力。四是创建和谐幸福的合作学习环境，让每一个学生体会成功的快乐。任何的学习过程都存在着复杂的心理活动，心理学家研究表明，在不同的心理状态下学生学习的表现与效果截然不同，当学生处于最佳心理状态时，其学习情绪高涨，课堂气氛活跃。因此，学科教师应该重视从学习环境、自身心态、创建交流分享平台等多方面给学生的合作探究学习营造一个最佳氛围。

4. 工具支持原则

工具支持原则是指在有效学习过程中，学科教师为学生开发设计教学工具，以实现有效学习。有效学习过程包含课前、课中、课后三个阶段，在整个有效学习过程中，我们要采用任务驱动法，在相关工具①支持下，引导学生走向任务型、工具化学习，学生围绕工具上的任务开展自主合作探究学习，确保学生在课前、课中、课后三个阶段能够有计划、有目标地完成学习任务。各个学科教师要在有效学习过程中认真落实工具支持原则，建议做到以下几点：一是学科教师要增强工具支持学习意识，也就是工具导向学习，还要引导学生自己使用工具单开展有效学习；二是学科教师要开发相应的课前、课中、课后供学生所使用的工具单，还要确保工具单的质量；三是学科教师要指导学生使用工具单的方法，以提高单位时间完成工具单的效率和质量。工具支持

---

① 注释：这里的工具是指本套丛书所统一使用的《基础知识评价单》《问题解决评价单》《目标达成评价单》和《水平训练评价单》，其中《水平训练评价单》不是常用单，是与《问题解决评价单》相配合使用的课堂检测单。

成为学生实现有效学习的有效“抓手”，确保了有效学习的效果和质量。

工具单的开发研制也是根据文本内容而定的，可以根据课程内容的容量大小、难易程度对工具单进行调整，如人教版十二册第一组课文《匆匆》是精读课文，可以根据课文完整开发四个工具单，而《顶碗少年》作为略读课文，可只开发《问题解决评价单》，也可以根据学生的情况和课程内容的编排，针对单元整合或整体阅读开发工具单。学科教师要深刻理解工具单研制的目的和意义，灵活运用，而不局限于固定思维模式。

5. 师生协同发展原则

师生协同发展是指在有效学习过程中，教师和学生共同按既定学习目标开展自主合作探究学习，通过师生共同学习、共同交流达到相互促进和共同发展的目的。从合作学习角度来看，有效的学习过程也是师生合作探究的学习过程。在这个合作探究过程中，学科教师要做到以下几点：一是学科教师要挑战自我，转变角色，改变传统教学观念，与学生建立民主、人文、平等、和谐的合作关系；二是学科教师把自己当作学生，与学生一起开展自主合作探究学习，与学生平等对话，相互学习、交流和借鉴，共同解决问题，共同完成既定的学习目标；三是学科教师要做好学生学习的向导和引路人，学科教师都有一定的学科专业素养，有着丰富的教学经验，要用自己的学术魅力影响学生，将自己先进的、成熟的、科学的学习方法传授给学生，让学生学会学习。

莎士比亚说：“一千个读者眼中就会有一千个哈姆雷特。”各个学科具有其特殊性，学生对学科材料的感受和理解往往是多元的，所以在重视知识与技能方法指导的同时，学科教师也要尊重学生在学习过程中的独特体验。学科教师在培育儿童的学习力、保护他们的想象力的同时，还要与学生共同成长，正确把握学科教育教学的特点，哺育学生的心灵，滋养其精神，培植其信念。

6. 坚持多元评价原则

多元评价原则是指在有效学习过程中建立多主体评价机制，通过多主体评价提高整个有效学习的效果和质量。科学的评价是实现有效学习的质量保障。在各个学科有效学习的过程中，我们要注重过程性评价，建立多元评价机制，坚持实施多元评价，确保有效学习的高质量实施。对此学科教师要做到以下几点：一是学科教师要构建多元评价理念，以评价促发展，发展学生核心素养，以评价为手段，提高学生学业成绩；二是学科教师要做到过程性评价和终结性评价相结合，通过过程性评价不断激发学生的学习兴趣，增强学生的学习动力；三是通过终结性评价，使学生的学业水平得到科学检测，然后不断总结经验和教训，使学业水平得到持续提升。

二、基于发展核心素养的学业水平评价新思路

《教育部关于普通高中学业水平考试的实施意见》（教基二〔2014〕10号）中指出："学业水平考试是根据国家普通高中课程标准和教育考试规定，由省级教育行政部门组织实施的考试，主要衡量学生达到国家规定学习要求的程度，是保障教育教学质量的一项重要制度。"从文件可看出，国家实施学业水平考试主要有两个目的：一是衡量我国中学生是否达到国家规定学习要求的程度；二是建立一套保障教育教学质量的评价制度。"学业水平"是指学生学业程度的高低，也就是看学生对基础知识和技能的掌握如何，达到什么程度。实施"学业水平评价"的目的就是通过评价手段来提高学生学业水平，将学生所学的知识转化成成绩。

在提升学业成绩的过程中，我们要抓住"两条线评价"：一

是“课堂学习过程评价”，包括课前、课中和课后三个阶段；二是在“各学习阶段中对学业水平进行评价”。这两个评价是浑然一体的评价过程。学业水平是在学习过程中形成的，学习过程是学业水平提升的“土壤”和平台，学业水平的高低标志着学习过程的质量。评价可使学习过程更加优化，学习质量进一步提高，同时，评价使学生的学业水平得到阶段性保障和提高。我们把学生“知识”转化为学生“成绩”的过程大体分为课前自主探究学习阶段、课中合作探究学习阶段和课后拓展探究阶段，在此过程中引进“课堂学习评价”和“各个阶段的学业水平评价”。为了使学业水平评价能够“落地”，又引进三种“工具单”：一是课前自主探究学习所使用的《基础知识评价单》，对基础知识和技能掌握程度进行科学、多元评价；二是课中合作探究学习所使用的《问题解决评价单》，对重难点问题通过合作探究来解决，培养学生解决问题的能力；三是课后拓展探究学习所使用的《目标达成评价单》，这个评价单将量化评价和质性评价相结合，将例题、练习题完成情况进行量化管理，对课后研究性学习、拓展性学习和课后总结进行质性的描述性评价。

下面将整个评价过程和相对应的工具单用框架图进行表述，如图所示。

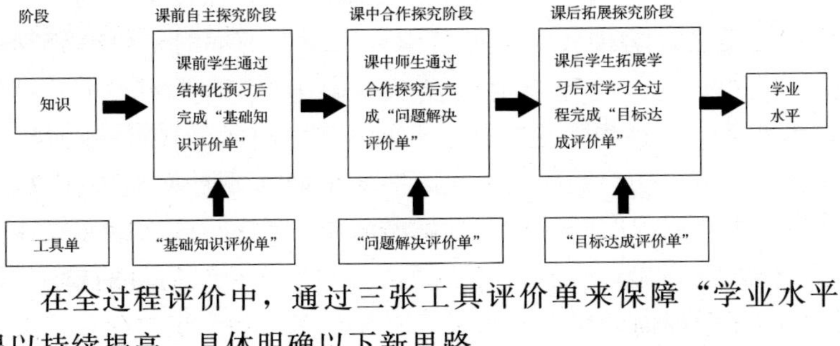

在全过程评价中，通过三张工具评价单来保障“学业水平”得以持续提高，具体明确以下新思路。

（一）实施全程性评价确保学业水平整体性质量

《教育部关于普通高中学业水平考试的实施意见》（教基二〔2014〕10 号）中指出："坚持全面考核，促进学生完成国家规定的各门课程的学习。"为了保障全面考核质量，促进学生各门课程的学习质量，学科教师要加强全面考核，特别是语文等基础性学科，要高度重视各学科有效学习的全程性评价，为其他学科实现有效学习打下坚实基础。全程性评价包括形成性评价和终结性评价，两者的关系是：形成性评价是终结性评价的基础工程和前提条件，没有高标准、高质量的形成性评价，就没有高水平的终结性评价。针对各学科教学的全程性学业水平评价，学科教师要落实每个单元的学业水平评价，做好单元知识体系的梳理、总结、评价，并组织单元水平测试，在做好单元学业水平评价基础上，做好学期末的学业水平评价。在整个评价过程中，我们建议：一是各单元的学业水平考试成绩要与期末学业水平测试成绩，按照一定的比例进行整合计算，这样更能体现全程性学业水平评价的过程性、科学性、客观性、公正性；二是学科教师实施全程性学业水平评价时，在测试命题中应尽可能体现核心素养的十八个基本点，抓住"核心素养"和"学业水平"这把双刃剑，即在培育和发展学生"核心素养"的同时，要抓住学生的"学业水平"，反之，学科教师在抓"学业水平"的同时，要培育学生的"核心素养"。这里有必要给大家解释一下"整体性质量"，"整体性质量"是指一个班级、一所学校所有学生的学业水平考试成绩。它有三层含义：一是每个学生的学业水平都达到合格，二是学生之间的学业水平差异逐步缩小，三是全体学生的学业水平整体提高。学科教师可通过实施过程性评价来确保全体学生学业水平的整体性质量。

（二）实施阶段性评价确保学业水平阶段性质量

荀子曰："不积跬步，无以至千里。"阶段性学业水平评价是提高整体性学业水平评价的前提和基础。阶段性学业水平评价更加注重每篇课文的学业水平评价，若要保障每篇课文的学业水平评价就必须落实好课前、课中、课后三个阶段的学业水平评价。例如，在导学老舍先生的《北京的春节》一文时，课前依据《基础知识评价单》掌握本课的 14 个生字，理解"腊八粥、张灯结彩、万象更新"等 16 个词语，通读课文，了解文章大意，查阅关于春节的资料，批注自己读文的感受并提出自己的疑问，从而完成课前的学业水平评价；课中依据《问题解决评价单》，针对教师预设的关键问题进行深入讨论探究，如："老北京的春节给你最深的印象是什么？课文是按照什么顺序写的？""本文详略得当，哪些部分写得详细，哪些部分写得简略？""老舍先生的语言风格朴素自然，流畅通达，雅俗共赏，请找一找你感受最深的句子潜心品读，并谈一谈你的体会。""这是二十世纪初老北京人过春节的习俗和场景，请联系生活实际，说说你现在是怎么过春节的，你眼中的春节是什么样的。"通过讨论、探究、实践，完成课中的学业水平评价；课后依据《目标达成评价单》落实好每个学生独立的目标达成情况，完成水平检测（教师依据本课的知识点、能力训练点、本班学生的实际情况，科学准确地编辑拓展训练题）。落实好阶段性学业水平评价，有利于教师准确把握学生的学习状况，改进教育教学管理，最大限度保障每一个学生的学业水平成绩。

（三）实施工具性评价确保学业水平能力性质量

《教育部关于普通高中学业水平考试的实施意见》（教基二〔2014〕10 号）中指出："坚持自主选择，为每个学生提供更多的选择机会，促进学生发展学科兴趣与个性特长。"在完成有效学习的过程中，学科教师应根据课程内容和本班学生的身心发展特点，科学有效地开发工具单。开发工具单要注意以下几点：一是工具单要兼顾课前、课中、课后，形成完整的评价体系；二是工具单上的问题设置应紧密联系社会实际与学生的生活经验，在全面考核学生基础知识和基本技能的基础上，注重加强对能力的考查；三是根据班级内学生的能力层次，实行分层的目标达成评价。

三、实施以工具单评价为支撑的学业水平评价

前面几节都有提及工具单对基于核心素养有效学习的学业水平评价十分重要，是教师有效导学和学生有效学习的前提及支撑。工具单的开发要具有科学性、全程性、准确性、严密性和实用性，这对学科教师来说既是一个挑战，也是快速提升学科指导专业能力的有效途径。为了给学科教师提供切实可行的教学抓手，本书研制了每个具体学习内容课前、课中、课后的支持工具评价单。

（一）课前支持工具《基础知识评价单》

为了保障学生在课前的有效学习，我们引入《基础知识评价单》，让学生对即将学习的基础知识和技能进行评价性学习，在课前学习评价中粗略掌握基础知识和基本技能。在评价中进行建构式学习，在评价中保障学业水平。从结构上看，《基础知识评价单》由基本情况、学习目标、重点、难点、关键问题、概念性知识、原理性知识、实践性知识和多元评价等十个模块组成。这个评价单的内容设计相对简单，学科教师要在开发设计之前认真研读教材，依据模块的内容要求进行组织和编写，然后让学生在课前预习过程中使用这个《基础知识评价单》，其目的就是保障课前预习质量，提高学生课前的学业水平。

《×××》基础知识评价单

设计人：×××　　审核人：×××　　序　号：×××

班　级：×××　　组　名：×××　　姓　名：×××

【基础知识】

类　别	主要内容	掌握程度	备注
学习目标	知识技能： 1. 2. 3. 过程与方法： 4. 5. 情感态度价值观： 6.		
重难点			
关键问题			
概念性知识	概念 1：		
	概念 2：		
	概念 3：		
	……		
原理性知识	定理 1：		
	定理 2：		
	定理 3：		
	……		
实践性知识			
备注			

【多元评价】

自我评价	同伴评价	小组长评价	课代表评价	任课教师评价

使用说明：

1. 教师在课前备课时开发《基础知识评价单》，准确规范地写出学习目标，把概念性知识和原理性知识的名称列清楚，如，概念1：什么是分式？……分式的基本性质有哪些？

2. 学生领到这张评价单后，在课前的自主探究学习后完成，要在预习后合上书填写，尽量不要一边预习一边抄上去。

3. 课前学生对“掌握程度”进行自评，课后教师和课代表组织多元评价。

此评价单是在预习之前下发，学生在课前完成。前提条件是，教师要利用课堂时间对学生进行1～3次规范指导，重点关注学生阅读文本的方法引领，而不仅仅是为了完成此评价单。例如，小学语文，概念性知识包括课文题目、作者、字词的音形意、人物、时间、地点和背景，原理性知识包括文本大意、段落大意、逻辑关系、写作特点、思想感情、经典赏句、意义目的、图表说明等，实践性知识包括文本上的例题、习题和练习，以及教师基于上述三类问题，围绕教学内容开展拓展学习而发现的问题。在《基础知识评价单》上，“学习目标”“重难点”和“关键问题”是针对整个学习内容的，不是只针对一课时的目标，目的是给学生进行自主学习导向，具有整体性和全程性。这张评价单上的原理性知识和实践性知识相对来说是较为基础的，学生通过自主探究学习是能完成的，难度不宜太高。

（二）课中支持工具《问题解决评价单》

为了保障学生课中的学业水平，我们引入《问题解决评价单》，这个评价单也是由学科教师课前开发设计，课前下发给学生完成，然后在课上使用这个评价单，师生共同围绕它上面的问题进行合作对话学习。通过合作对话学习解决这些问题，达到建构知识、培养能力、发展思维的有效学习目的。从结构上看，这个《问题解决评价单》由基本情况、教师预设问题和多元评价等三部分组成。其中，最为关键的是“教师预设问题”模块，这些问题是教师将过去要讲解的知识转化为问题，具体转化为概念性问题、原理性问题、习题性问题和拓展性问题①，这里设置的问题主要是原理性问题、习题性问题和拓展性问题。学科教师开发工具单时可按以下流程进行。

《教师个体开发工具单》的流程图

第一步：教师要走进文本，反复阅读，实现三次对活
↓
第二步：明确问题分类，实现知识问题化，问题工具化
↓

① 这里的“问题”不是生活中或哲学中的问题，而是以学为中心的有效教学中的特定概念，具有学术特性的内涵。这里的“问题”，是指特定情境下的未知的“东西”。针对教材内容，问题分为概念性问题、原理性问题、习题性问题和拓展性问题等四类。对于文科和理科内容而言，概念性问题和原理性问题有不同的含义。如文科，概念性问题包括题目、作者、字词音形意、人物、时间、地点和背景；原理性问题包括文本大意、段落大意、逻辑关系、写作特点、思想感情、经典赏句、意义目的、图表说明等；习题性问题是指文本上的例题、习题和练习题；拓展性问题是指基于上述三类问题、围绕教学内容拓展学习而发现的问题。而理科，概念性问题包括字母和符号的意义、公式、概念和定义；原理性问题包括公式解读、性质定理、原理原则、逻辑关系、操作要领、图表说明等；习题性问题是指文本上的例题、习题和练习题；拓展性问题是指基于上述三类问题、围绕教学内容拓展学习而发现的问题。

第三步：结合教学目标、课程标准、教学目标，提炼问题

↓

第四步：按照《问题解决评价单》的模块进行内容设计

↓

第五步：参阅教辅，提炼完善，优化评价

↓

第六步：学科组审核，评价质量，创建备课资源库

课前学科教师开发工具单，经过备课组把关验收审核后，下发给学生，学生在课前预习中自主完成，学生小组要通过五级评价来检查各个学生的工具单完成情况。

《×××》问题解决评价单

设计人：×××　　审核人：×××　　序　号：×××

班　级：××××　组　名：×××　　姓　名：×××

【教师预设问题】主要呈现原理性问题，由教师预设，一般是 3～5 个问题。

【多元评价】

自我评价	同伴评价	小组长评价	课代表评价	任课教师评价

使用说明如下。

1. 教师在课前备课时开发《问题解决评价单》，科学、准确、规范地写出本课所要解决的问题 1、问题 2……

2. 学生领到这张评价单后，在课前自主探究学习时完成，也可以课前在小组内探究后完成问题解决。如果学生课前实在不能完成，教师应在课中给予规范讲解，学生利用这个评价单进行详细记录。

3. 课中和课后组织实施多元评价。

这张评价单一般是第一课时后下发，学生在家独立思考完成后，在课堂上进行讨论探究学习。这里教师预设的问题是原理性问题，如小学语文学科，可设计文章的写作顺序、表达方法、围绕中心思想的品读感悟、学法迁移、联系生活实际的综合应用等问题，问题不宜太多，但要根据文本内容、学生的身心发展特点进行科学、合理的设置，注意要体现目标中的重难点，关键问题也应该在这里呈现。

为了保障学生的课中学业成绩，提高学业水平，巩固课堂学习效果，我们又在课中引进一个水平监测训练单，这个工具单不一定是常用的工具单，是根据需要来设计《水平训练评价单》。这个工具单由基本情况、水平训练题和多元评价三个模块组成。这是一个限时训练单，培养学生工具训练能力，在一定程度上可以说是训练考试能力。

《×××》水平训练评价单

设计人：×××　　审核人：×××　　序　号：×××

班　级：××××　组　名：×××　　姓　名：×××

【水平训练】本单是课中训练单，题量不宜太多，一般设计5分钟的题量，也可以根据学科性质适度调整。

注：建议6＋3＋1结构，基础题60分，中档题30分，难题10分。

【多元评价】

自我评价	同伴评价	小组长评价	课代表评价	任课教师评价

使用说明如下。

1. 教师课前在备课时根据需要开发《水平训练评价单》，本单由两个模块构成：水平训练和多元评价。这个不是常用的、常规的评价单，一般是在新授课或问题解决课上使用。教师要科学、准确、严谨地编辑水平训练模块上的拓展训练题。此评价单相当于课堂检测单，不得课前下发。

2. 学生在课中领到这张评价单后，在单位时间内完成。教师可以组织课中小组内探究，开展组内讲解。也可在学生完成后，教师在课中给以规范讲解，学生及时修改和规范答案。

3. 课后组织实施多元评价。

这张评价单是根据学习内容的容量和难易程度而选择添加的，比如在进行精读课文和整体阅读教学时，容量大且对阅读理解的能力要求高，这时可再加入此评价单，进行当堂的知识提炼训练和知识迁移训练，由于是针对重点知识进行再次的、深入的考查学习，题量不宜多，最好学生能当堂完成。

（三）课后支持工具《目标达成评价单》

为了保障学生课后学业水平，提高学生课后学习成绩，我们引入《目标达成评价单》，主要指导学生学会课后进行自我评价，关注学习目标是否达成，应知应会的内容是否掌握，例题、习题、练习题是否都会做，在进行自我评价基础上进行水平监测，看看自己本知识模块的学习水平、学习能力是否合格，是否达到要求。学科教师要引导学生学会使用《目标达成评价单》，如果是学生基础比较差、学习能力弱的班级，开始阶段要用几个课时来进行训练，在教师指导下完成《目标达成评价单》。当学生完成后，要求小组进行检查和评价，在小组评价基础上，学科教师要进行抽测、验收和评价。

《×××》目标达成评价单

设计人：×××　　审核人：×××　　序　号：×××
班　级：××××　组　名：×××　　姓　名：×××

【目标达成】

类　别	数量	完全掌握个数	没有掌握的个数	没有掌握的原因
概念性知识				
原理性知识				
例　题				
练习题				
习　题				
自我评价				

【水平检测】（一般设计 6—8 道题，可根据学科特点自行调节）

【多元评价】

自我评价	同伴评价	小组长评价	课代表评价	任课教师评价

使用说明如下。

1. 教师课前在备课时开发《目标达成评价单》，此评价单由三个模块构成：目标达成、水平检测和多元评价。教师要科学、准确、严谨地编辑水平检测模块中的拓展训练题。

2. 学生课后领到这张评价单后，在自主探究学习时完成，也可以课后继续开展小组讨论解决评价问题，如果遇到有难度的问题或共性问题，教师应寻找时机规范讲解，学生利用这个评价单进行详细记录。

3. 课后组织实施多元评价。

这张评价单是在完成新授课后下发，学生在课后完成。针对小学生的认知特点，概念性知识、原理性知识、例题、习题、练习题的数量由老师在设计评价单时填上，刚开始实施时建议教师用课堂时间进行一两次规范性指导。水平检测环节相当于对整个学习内容的知识检测，应附上分值，这样便于学生进行学业水平的自我评价和合作评价。

各个学科工具单设计要充分考虑学科特点，分析学科的复杂性和多样性，希望学科教师在开发此套工具单时，根据课程内容进行灵活地整合应用。因为此套工具单既适合一篇课文的学习，同时也适合单元整合学习，所以大家切忌生搬硬套，呆板嵌入。希望各学科教师在实施基于发展核心素养的有效学习过程中，借助有效的、高质量的工具单让整个有效学习活动更加自主高效，从而达成基于核心素养的学业水平评价，全面提升学生的学科素养和综合素质。

第二章

基于核心素养的自主探究学习与学业评价

自主探究学习是培育学生核心素养十分重要的环节和阶段，学科教师要高度重视并精心指导，引导学生学会基于发展核心素养的自主探究学习。学科教师不仅要给学生提供自主探究学习的理念引导，还要给学生科学的自主探究学习的方法指导，既指导学生如何在课前自主探究学习过程中将核心素养的18个基本点落实到学科学习过程中，又要指导学生学会如何使用《基础知识评价单》，通过使用《基础知识评价单》来落实课前学业水平评价，确保学生课前学业水平成绩。

本章主要分析课前各学科教师如何引导学生

开展基于核心素养的自主探究学习和学业评价活动。其包括三个方面：一是分析学生在课前开展基于发展核心素养的自主探究学习过程中，应倡导什么样的自主探究学习理念，遵循什么样的自主学习原则；二是分析学生在课前自主探究学习过程中如何与文本实现“三次对话”，并在这个过程中如何将核心素养的18个基本点与文本学习实现有效对接；三是分析学科教师如何以实施《基础知识评价单》为抓手开展学业水平评价。

一、基于发展核心素养的自主探究学习理念和原则

自主探究学习是发展核心素养的重要途径和主要渠道。核心素养是在教师正确引导下师生共同合作培育起来的，而不是靠教师“教”出来的。发展和培育学生核心素养最主要的是通过学生自主探究学习而自发自愿养成，并贯穿于课前自主探究学习全过程。《中国学生发展核心素养》在其基本内涵中指出：“学会学习，主要是学生在学习意识形成、学习方式方法选择、学习进程评估调控等方面的综合表现，具体包括乐学善学、勤于反思、信息意识等基本要点。”可见，学会学习重点指向了学习意识、学习方法、形成性评价这几个关键点，而培养学生自主探究学习意识、培养学生自主探究学习能力是学会学习的首要前提。传统教育教学方式强调教师的讲授功能，忽视了学生的自主探究学习过程和能力培养，也忽视了学生在自主独立的学习过程中培育和发展核心素养。在以学为本的课堂教学中，学科教师要呼唤、激发、引导学生，使学生成为自主学习的主人，并指导学生由被动学习转向主动学习。课前自主探究学习阶段的学习行为在整个学习活动中是有关键期的，学生在课前进行自主探究学习是黄金

期，它能让学生后面的学习产生事半功倍的效果。学科教师要站在终身教育、终身发展的高度来认识和重视自主探究学习过程，这也是各位一线教师工作的重点转型之一。本章节聚焦于课前学生的自主探究学习理念、原则、方法和评价，通过实践研究进行指导。

(一) 自主探究学习理念

2001年，国家教育部印发《基础教育课程改革纲要（试行）》，强调学习方式由被动学习向自主合作探究学习转型是本次课改的重点任务。自主探究学习是本次新课程理念所倡导的一种学习方式，它要求学生做学习的主人，并在教师的引导下发挥自己的主观能动性，调动自己的各种感觉器官，通过动手、动眼、动嘴、动脑，主动去获取知识。强调学生有效学习的自助探究学习理念主要包括：前置性学习理念、自主学会学习理念、独立探究学习理念、高成就学习理念。学科教师在学科教学过程中，要认真落实这些基本理念，努力转变学生的学习方式，开发学生的潜能，推动课堂教学转型，促进学生主动发展。

1. 前置性学习理念

当下社会已进入信息化社会，信息时代缩短了人们曾经习惯的时空跨度。在知识爆炸、信息爆炸的今天，循序渐进的学习方式已很难顺应时代潮流了，改变传统的学习方式，采用跳跃超前学习，已成为一种必然。[①]

从全球范围来看，跳跃超前学习是一种面向未来的学习方式，是广泛存在于各个层次和各个年龄段的一种学习方式。美国控制论创始者诺伯特·维纳采用跳跃超前学习法，9岁入高级中

① 陈建祥. 新教育：为学习服务［M］. 北京：教育科学出版社，2002：81.

学，14 岁入哈佛大学，18 岁获得哲学博士学位。这是一个非常成功的案例，而国内类似的成功案例也有许多。

在有效学习视野下，学科教师要引导学生进行前置性学习，建构前置性学习意识，使学生对下一阶段所学知识提前一两周进行学习，甚至在更早时间段内进行前置性学习，要引导学生做“知识先行者”，不要做“知识后补者”，让学生的自主预习发生在课堂教学之前。学会前置性学习，对学生具有很重要的意义。一是学生进行前置性学习后，会提前了解和掌握基本知识内容，在课堂上听教师讲授知识时更容易接受、理解，有助于学生全面理解和掌握知识；二是进行前置性学习，有利于学生培养自主学习能力；三是进行前置性学习，有助于养成前置性主动学习、主动做事的好习惯；四是进行前置性学习，能够激发学生的学习兴趣，还有助于转化潜能有待开发的“后进生”。因此，学科教师要引导学生建构前置性学习理念，将这个理念转化为实际行动，体现到学生自主探究学习过程中，培养学生的自主探究学习能力。

2. 自主学会学习理念

联合国教科文组织于 1986 年提出了教育的四大支柱，也可以说是教育的四大目标，即：Learning to know（学会求知），Learning to do（学会做事），Learning to live together（学会共处）；Learning to be（学会发展）。其中第一个目标就是学会学习，这是面向全世界、全人类提出的教育改革目标。在有效学习视野下，学科教师要高度重视学会学习这一目标，这是一种先进、时尚的理念，同时也是实现起来有一定难度的理念和目标。在传统教学视野下，我们过分强调教师的讲授功能，忽视了学生学会学习和终身学习能力的培养。为了让学生学会学习，学科教师要认识到学会学习和终身学习的重要性，要挑战自我，要与时代发展同步，做到与时俱进。学习化时代已经到来，学会终身学习，才能更好地生存，并获得更充分的自由。把不断改变与创新作为学习实践的终极目的，学习的终身化才具有真正的意义。[①]这句话十分有道理，把学会学习的重要性概括得十分到位。所以，学科教师要引导学生建构学会学习理念，大胆实践，指导和鼓励学生走向学会学习。

3. 独立探究学习理念

新课程改革理念强调自主独立探究学习，作为本次课改的重要任务，要求学生能够实现独立学习、探究学习，由过去的被动学习走向主动学习、积极学习，由过去的没有勇气和胆识去独立探究学习逐步走向有信心、有智慧、有胆识地主动探究学习。学科教师要指导每一个学生建构独立探究学习理念，让学生积极勇敢地主动探索学习，克服胆怯心理，敢于去发现问题、研究问题、探究问题，培养学生的探究学习能力。在独立探究学习理念的引领下，学生应学会探究学习，掌握探究学习方法，实现高质量、高品质的独立探究学习。

4. 高成就学习理念

高成就学习是我们广大教师和学生普遍追求的目标，但有了高成就意识，才能有高成就学习，最后才会取得高成就质量。高成就学习的理论基础是高期望学习理论。学科教师要对每个学生都给予高期望，指导学生树立高成就意识，使其逐步形成一种指导思想，对自己严格要求，把高成就学习变成一种意识，当成一种行为习惯，将高成就学习意识上升到理念，在高成就学习理念

① 陈建祥. 新教育：为学习服务［M］. 北京：教育科学出版社，2002：112.

指引下，实现高成就学习。教师还要指导学生树立自信心，相信自己一定能够实现高成就，一定会取得高成就。不论是课前预习，还是课中合作探究学习，或者是课后拓展探究学习，学生都要始终贯彻高成就学习理念，保质保量、出色地完成每一个学习任务。

（二）自主探究学习原则

原则是指行动规则、要求。原则确定后需要我们遵守和执行，以免偏离方向。自主探究学习是在自主探究学习理念指导下的一种学习行为和方式。为了提高自主探究学习质量，我们确定以下自主探究学习原则：目标计划性原则、智慧行动性原则、独立思考性原则、问题生成性原则、自信力培养原则、好习惯培养原则。具体概述如下。

1. 目标计划性原则

目标计划性原则是指学生根据教师的学习目标、重难点、关键问题、学法提示等有目的、有计划地开展自主探究学习。如在课前针对文本进行有安排、有步骤的自主探究学习，同时也要求教师对学生的课前自主学习进行结构化设计和方法引领。学生按教师确定的教学目标进行有计划的自主探究学习，不能盲目、无计划地开展自主探究学习。这样才能使自主探究学习变成有序有效的学习行为，才能提高自主探究学习质量。学科教师最好指导学生制订学习计划，引导学生严格按学习计划开展自主探究学习。这样有利于学生养成良好的有计划学习的好习惯。

2. 智慧行动性原则

智慧行动性原则是指教师要指导学生开展智慧型自主探究学习行动。在进行课前自主探究学习过程中，学生根据教师的导学要求，学会动手、动眼、动嘴、动脑，主动获取知识，并完成相应的自主探究学习任务。注重学习方法，才能开展有效的学习活动，提高单位时间内的学习效率。也就是说，学会智慧学习，才能提高学生的学习效能，培养智慧学习能力。

3. 独立思考性原则

赫钦斯在《教育中的冲突》中写道："什么是教育？教育就是帮助学生学会自己思考，做出独立的判断，并作为一个负责的公民参加工作。"从这句话我们看出，教师的主要任务是让学生学会自己思考和判断。而我们多年来都在开展"告知式"教学，很少让学生开展思考活动，所以，许多学生养成了不喜欢思考的被动学习方式。在有效学习视野下，我们学科教师要引导学生积极思考问题，让学生学会判断问题的正误、好坏、优劣等，指导学生树立理性质疑、批判性思维意识，凡事都要思想过滤，思维加工，这样学生的思考能力才会得到提升。

4. 问题生成性原则

问题生成性原则是指学生通过教师的问题导学引导，学会发现问题、生成问题和解决问题，逐步培养学生发现、生成、解决问题的问题学习能力。学科教师要指导学生有选择、有条理地品读文本，避免在有限时间内的泛泛而读。俗话说"要有心有肺的读书"，也就是说，学生在读书过程中要学会发现问题，把解决不了的问题生成出来，然后找学科教师解决，或是自主借助工具来探究解决。学科教师要引导学生不回避问题，敢于面对问题，解决问题，最后培养学生的问题生成、解决能力，从而使学生的自主探究学习成为有效学习。

5. 自信力培养原则

自信心是学习成功的前提。莎士比亚曾说过："自信是走向成功之路的第一步，缺乏自信是失败的主要原因。"对于我们自主探究学习而言，是同样的道理。学科教师在指导学生开展自主探究学习过程中，首先要让学生树立自信，让每一个学生都充满自信地去开展自主探究学习，从而掌握自主探究学习方法，提高自主探究学习质量。

6. 好习惯培养原则

俗话说“好教育就是培养好习惯”。一个人拥有好的学习和生活习惯将预示一生的成功和幸福。如何培养学生自主探究学习的好习惯是我们大家共同关注的一个课题，也是一个古老的话题。在新的教育视野下，我们学科教师要注重培养学生自主探究学习的好习惯，从课堂中自主探究学习做起，培养课内自主探究学习习惯，然后逐步扩展到课外自主探究学习习惯的培养，最终，让每一个学生都养成自主探究学习的好习惯，为他们的终身发展奠定良好的基础。

二、基于与文本实现三次对话的自主探究学习方法

自主探究学习是指结合文本课程进行自主阅读、自主思考、自主分析、自主解决问题的相对独立的学习过程。对学生自主学习而言，自主阅读文本尤为重要。如何自主阅读才有质量呢？这里给大家提供一个重要的自主阅读新方法，即“三次对话”阅读法。它是指学生个体在自主阅读过程中通过三个角度、三个层面对文本进行深度思考、实现心中对话的学习方法。“三次对话”是指：第一次是与文本的人物和元素对话，第二次是与文本的作者对话，第三次是与文本的编者对话。

对文科中的语文学科而言，“三次对话”的含义举例如下。以朱自清的《背影》为例，第一次对话是指学生在自主阅读过程

中与《背影》这篇课文中的人物和元素对话，如涉及哪些人物，故事发生的时间、地点、事件是什么，在事件发生过程中，这些人物都是怎么想的，有哪些新的字词等。第二次对话是指学生在自主阅读过程中与《背影》这篇课文的作者朱自清对话，这篇文章主要写什么，感悟作者要表达的思想感情，名家要通过查阅资料了解其生平、写作特点、写作风格等。第三次对话是指学生在文本阅读过程中与《背影》这篇课文的编者对话，深度思考编者为什么要把这篇文章放在这个单元主题里。

对理科中的数学学科而言，“三次对话”的含义举例如下。以《勾股定理》为例，第一次对话是指学生在自主阅读过程中与《勾股定理》这节中的知识元素对话，如涉及哪些字母、符号、公式、概念、定理、性质等，有哪些含义和意义。第二次对话是指学生在自主阅读过程中与《勾股定理》这一知识的发明者对话，他为什么要发明这一公式，发明的目的什么，有什么价值意义，要解决什么样的问题等。第三次对话是指学生在文本阅读过程中与《勾股定理》这一内容的编者对话，深度思考编者为什么要把这一知识内容放在这个单元里，他们想让学生学会什么，具备什么样的数学能力等。

“三次对话”是一种学生自主深度阅读的学习方法，也是高质量自主探究学习的过程。学科教师在引导学生学会基于与文本实现“三次对话”的自主探究学习过程中将发展学生的核心素养，“三次对话”应有机结合起来，不要简单、单纯地进行“三次对话”自主阅读。可以用通俗语言描述如下：学生在开展“三次对话”自主探究学习时，要多一个“心机”来阅读学习，这个“心机”就是指“核心素养 18 个基本点”，也就是说，在自主探究学习过程中将“三次对话”与“核心素养 18 个基本点”有机结合起来进行自主探究学习。这里需要跟大家说明的是，学生在课前自主探究学习过程中，不是针对某一内容的学习时必须把这18个基本点都得到体现，而是根据学习内容的性质、特点、目标来体现核心素养的某一些方面。

下面如何实现自主探究学习进行专题研究和指导。

（一）情感导向型自主探究学习法

情感导向型自主探究学习法是指以丰富的人文底蕴为情感目标对文本内容进行自主探究学习的方法。这种自主探究型学习方法适合人文学科的学习，或者是理科中明显体现人文精神的章节内容。教师要指导学生使用这一方法时，要从文本内容中捕捉和提取情感信息、人文信息，从而对文本中人物的成长经历、伟大成就、社会价值、历史意义等方面有深刻理解，以增强学生的人文积累、人文情怀和审美情趣。

对于人文学科，如学生在预习初中语文《背影》这篇课文时，教师要指导学生采用情感导向型自主探究学习法，让学生关注作者朱自清的成长经历、成长社会背景、主要成就以及他通过本文想要表达的思想情感。通过这种自主探究学习增强学生的人文知识积累，使学生深刻理解那个时代父与子的深厚情谊和父亲对朱自清的厚重而深沉的爱，更加深刻感受人世间珍贵难忘的亲情美。再如学生在预习小学语文课文《老人与海鸥》时，教师要指导学生对文中老人和老人自愿喂食的事件进行深刻理解和领悟，理解老人喂食背后的高尚道德品质和人文思想，通过学生深刻理解和领悟老人对海鸥的情感，增强学生对动物的人文关怀。再如学生在预习《曹操献刀》这篇课文时，教师要让学生感受到曹操献刀过程中的逻辑关系美。

对于理科，如学生在预习初中数学《一元二次方程》时，教师要指导学生关注求根公式发明者韦达是在什么背景下发明这个公式和定理的，发明这个求根公式的价值和意义是什么，通过采用这种自主探究学习法进行自主探究学习，增强学生的数学人文知识积累，了解科学家韦达这个人物的科学成就和他对人类社会所做的伟大贡献，使学生更加深刻理解求根公式的数学结构美、价值美。而学生在预习初中生物《动物体的结构层次》时，教师要指导学生感受动物体的结构构成存在的内在美和知识结构美，通过这些发现激发学生学习生物的兴趣。

（二）科学思维型自主探究学习法

科学思维型自主探究学习法是指以培养科学精神为目标对文本内容进行自主探究学习的方法。这种自主探究学习法适合理科知识学习和自然科学知识学习，对于文科中的结论性知识、议论文题材内容也比较适合。在使用这一学习方法时，学科教师要引导学生学会理性思维，用质疑批判的眼光看待事物，对文本上的结论性知识和结果要敢于质疑和勇于探究。

从理性思维角度来看，学科教师要指导学生养成对知识理解后进行理性分析的思维习惯，以及多角度研究知识结构体系的习惯。如学生在预习历史课《洋务运动》《鸦片战争》时，教师要引导学生从多角度分析其积极意义和消极意义，培养学生多元思维的好习惯，可以提出若干假设进行理性分析。

从批判质疑角度来看，学科教师要指导学生在预习中对结论性知识进行质疑，对各种结论要带着质疑的眼光去学习，把“这个结论正确吗”视为学习的出发点。如学生在预习初中物理《力》时，教师要引导学生质疑，培养学生科学质疑意识，从实践层面分析和论证作用力与反作用力相关结论的正确性和科学性。

从善于探究角度来看，学科教师要指导学生在预习中进行大胆探究，对文科知识探究其合理性、严谨性，对理科知识探究其科学性、规律性。如理科中的实验内容，其目的就是鼓励和引导学生进行自主探究。如小学生在预习《新型玻璃》这篇课文时，教师要引导学生探究制造各种玻璃的科学性、合理性、严谨性，从而更加全面、深刻地掌握和理解制造各种玻璃的过程、方法和价值意义。再如学生在预习生物《我们身边的动物和植物》一课时，教师要引导学生认识动植物生长的规律性和生长过程，培养学生的探索精神。

（三）学会学习型自主探究学习法

学会学习型自主探究学习法是指以学会学习为发展目标对文本内容进行自主探究学习的方法，这种自主探究学习法适合于所有学科知识的学习。英国教育家、实证主义哲学家和社会学家赫伯特·斯宾塞说过："硬塞知识的办法经常引起人对书籍的厌恶，这样就无法使人得到合理的教育所培养的那种自学能力，反而使这种能力不断退步。"在传统教学视野下，许多教师就是给学生硬塞课本知识，不但使学生自主学习能力退化，还使学生厌恶学习。为了培养学生学会学习，学科教师要经常采用学会学习型自主探究学习法，提高学生自主探究学习能力。在使用本方法时，学科教师要指导学生对文本知识学会思考，要勤于反思和总结，不断从文本知识中获取各种信息，通过思考式学习、反思式学习、主动获取式学习达到学会学习的目的。教师要指导学生具体采用以下学习方法。

一是善思法，是指学生在自主独立学习过程中积极思考文本问题的一种学习方法。学科教师要引导学生在预习中掌握善思学习法，养成善于思考问题的好习惯，在预习中培养学习兴趣，逐步引领学生达到乐学善思的境界。如学生在预习地理《地球与地球仪》时，教师要引导学生采用善思法了解地球，从地球的形成、结构、过程、未来、意义等多角度进行思考，培养学生多元思考的学习兴趣，让学生思考“地球仪”研究结论的合理性和科学性，培养学生乐学善思的好习惯。

二是反思法，是指学生在自主独立学习过程中不断反思和总结的一种学习方法。教师要引导学生在预习中养成“通过预习我学会了什么”的反思好习惯。如学生在预习数学《分式》一课时，教师要引导学生掌握、理解基本概念、性质等，在自主探究学习过程中不断地反问自己：“我学会了什么?”“学习这些内容有什么规律?”并要求学生把学会的内容进行提炼和总结，在自主预习中培养学生勤于反思的好习惯。

三是自主获取信息法，是指学生在自主预习过程中通过资料查阅、网络查询、实地考察主动获取知识信息的一种学习方法。教师要指导学生学会如何查阅资料，培养学生查阅资料的好习惯和自主查阅资料的学习能力。由于多年的被动学习，许多学生养成了不愿主动查阅资料的坏习惯，只适应教师讲授学生听的学习方式，导致目前许多学生缺乏自主获取知识的习惯和能力。如学生在预习地理《中国的自然资源》一课时，教师要指导学生上网查阅相关资料，主动获取中国自然资源相关知识信息，培养学生健康上网、利用网络查找资料的好习惯。同时，我们也鼓励学生到学校图书馆、社区图书馆查阅资料，学会从纸质文献资料中获取知识信息，养成查找资料的好习惯。

(四) 健康生活型自主探究学习法

健康生活型自主探究学习法是指以追求健康生活为人生目标

对文本内容进行自主探究学习的方法。这种自主探究学习法适合于人文学科知识、自然学科知识，如生物、化学、科学以及语文课文中涉及人物形象的内容。在使用本自主探究学习法时，教师要指导学生在文本学习中学会珍爱大自然中的生命，不断从历史伟大人物那里学习其高贵品质，逐步健全学生人格，丰富学生情操。学科教师可指导学生采用生命和谐法、品格感悟法、自我管理法进行自主探究学习。

生命和谐法是指学生在自主预习过程中遇到人与大自然交往、动物与动物共存的学习内容时做到敬畏自然，尊重生命，初步感知生命价值和生命和谐共存的重要意义。如学生在预习初中生物《动物》一节时，教师要引导学生如何敬畏自然，尊重生命，热爱小动物，让学生深刻感知动物与人类的关系，动物与自然的和谐生存关系，以及动物存在的意义和价值。

品格感悟法是指学生在预习中主动汲取文本里主人公、作者的高贵品质和素养，形成学生个性化人格品质的一种学习方法。通过本方法学习，使学生初步形成认知，能够辨别出哪些思想和行为是科学的，符合道德规范的，值得我们学习和效仿的。如学生在预习《詹天佑》这篇课文时，教师要引导学生初步认知詹天佑发明京张铁路的价值和意义，初步感悟詹天佑的高贵品质和伟大人格，从而使学生从内心产生对詹天佑这个人物的敬意，主动向他学习爱国、敢于挑战国外权威专家、努力克服困难、大胆创新的品质。

自我管理法是指学生在自主预习中对预习过程和预习结果进行自觉、定期的自我评价的一种学习方法。为了保障学生自主探究学习质量，教师要指导学生在自主预习过程中学会自主管理预习资料，尤其是课前的前置性相关资料，并在预习过程中对预习过程和结果进行梳理和总结，养成自我管理、自我评价的好习惯。并且利用好相应预习工具单，对预习工具单进行自我评价，确保前置性自主预习的效果，逐步培养学生自我管理的好习惯和自主管理能力。

（五）责任担当型自主探究学习法

责任担当型自主探究学习法是指以培养社会责任担当为做人准则对文本内容进行自主探究学习的方法。这种学习方法适合于人文学科，如语文、政治、历史等学科教学。在使用本学习法时，教师要指导学生从社会责任、国家认同、国际理解三个角度进行思考和学习，从历史事件、重要人物身上学会如何增强社会责任感，增强爱国热情，增强国际认同感，建立全球化的国际意识。爱因斯坦曾说："人只有献身于社会，才能找出那短暂而有风险的生命的意义。"所以，教师在使用本自主探究学习法时要采用责任强化学习法、感恩祖国学习法、国际理解学习法。

责任强化学习法是指学生在自主探究学习过程中汲取历史事件中重要人物身上所体现的社会责任意识、行为和能力的一种学习方法。如学生在自主预习过程中，一方面从文本人物的事件中领会他们的社会责任，敢于负责、敢于担当的精神，强化自我的社会责任意识，培养自我的社会责任能力；另一方面是让学生在自主预习过程中、在小组合作中赋予自己新的角色和责任，让他们对同学、对小组、对班级荣誉自觉负责。如学生在自主预习《邓稼先》这篇课文时，教师要引导学生领悟邓稼先热爱国家，敢于负责、敢于担当的社会责任感，学习他能够放弃国外优越生活待遇，回国投入"两弹一星"研发事业的无私奉献精神。教师还要积极引导和培养学生的社会责任意识，培养他们敢于担当的社会责任感，并结合班级管理实际，让学生从小事做起，培养其责任意识，担当意识和集体责任感。

感恩祖国学习法是指学生在自主预习过程中，教师要引导学生通过对文本内容的自主学习，结合相关内容，激发他们热爱国家、感恩国家的情感，使其初步体会伟大祖国灿烂历史文化的非凡价值和意义。如学生在自主预习《钱学森》这篇课文时，教师要引导学生学习钱老热爱国家、感恩祖国的精神，让学生感受到中华民族厚重的历史文化对我们的非凡意义。

国际理解学习法是指学生在自主预习过程中，教师要根据国际理解相关内容，增强学生的地球村意识、全球化意识，使其初步形成国际化意识，人类生存共同体意识。如学生预习初中政治《外交事业的发展》时，教师要引导学生理解我国对外的国际交往政策，充分认识我国在国际交流事业中发挥的积极主导作用，增强学生的国际意识，全球化发展意识，从小形成国际化意识。

（六）实践创新型自主探究学习法

实践创新型自主探究学习法是指以培养实践创新为能力取向对文本内容进行自主探究学习的一种学习方法。本学习方法适合于人文学科、自然学科的学习。教师要引导学生结合文本内容学习培养热爱劳动意识，发现问题、解决问题能力，以及运用信息技术能力。在使用本方法时，教师要指导学生采用以下具体的学习法：品味劳动学习法、问题解决学习法和信息技术学习法。

品味劳动学习法是指学生在自主预习中，教师要能够根据相关内容，从文本内容中引导学生体会劳动的积极意义，初步形成喜欢劳动、热爱劳动的意识。如学生在预习《真正的英雄》《石天祥》时，教师要引导学生从文中体会劳动的积极意义，感受劳动最光荣，理解劳动与人生、财富、幸福之间的关系以及与国家富强、民族繁荣之间的关系，从小培养学生喜欢劳动、热爱劳动的意识和能力。

问题解决学习法是指以发现问题、解决问题为途径进行自主探究学习的一种学习法。学生在自主预习中，教师要引导学生增强问题学习意识，学会自主发现问题，对能够解决的基础性问题进行解决，对不会解决的生成问题。苏霍姆林斯基认为："在人的心灵深处都有一种根深蒂固的需要，这就是希望感到自己是一个发现者、研究者、探索者。"教师要挖掘每个学生心中的那种根深蒂固的需要，引导学生成长为一个发现者、研究者和探索者。如学生在自主预习《最后的一课》这篇课文时，教师引导学生在结构化预习基础上提出"我的问题"，把不会的问题提炼生成出来，还要在预习过程中培养学生的问题学习、问题导学意识，逐步培养他们发现问题、解决问题的能力和习惯。

信息技术学习法是指学生在自主探究过程中利用现代信息技术手段进行自主探究学习的一种学习方法。教师要指导学生在自主预习中学会上网查阅资料，利用媒体课件进行前置性学习，同时能够开发课中所需的 PPT 等支持型资料。也要大胆鼓励学生在预习时制作微视频，以便大家交流学习，使学生的技术运用素质得以提升。

通过上述六种基于"三次对话"的自主探究学习方法，使核心素养的 18 个基本点在课前教学过程中，也就是学生自主探究过程中得到比较充分的体现，使学生在课前阶段的核心素养得到有效培养。

学生核心素养基本点与学科教学中学习行为结合点研究

核心素养			与学生有效学习行为结合点		备注
三大方面	六大要素	十八个基本点	课　前	学科案例说明	
文化基础	人文底蕴	人文积淀	预习中关注作者、发明者和知识背景。	如在预习初中语文《背影》这篇课文时，教师让学生关注作者朱自清的身世、写作背景以及他想表达的思想；在预习初中数学《一元二次方程》时，教师要学生关注求根公式发明者韦达是在什么背景下发明这个公式和定理，发明的意义是什么。	
		人文情怀	预习中对重要人物、事件深刻理解。	如学生在预习小学语文课文《老人与海鸥》时，要对文中老人这个重要人物和老人自愿喂食的事件进行深刻理解和领悟，理解他喂食背后的人文思想和人文关怀。	
		审美情趣	预习中自主初步发现人物形象美、知识结构美、逻辑关系美、心灵思想美。	如在预习初中语文《音乐巨人贝多芬》这篇课文时，教师要让学生初步发现主人公贝多芬这个人物的形象美；在预习初中生物《动物体的结构层次》时，教师要让学生感受到动物体的结构构成存在内在美和知识结构美；在预习《曹操献刀》这篇课文时，教师要让学生感受到曹操献刀过程中的逻辑关系美。	

续　表

核心素养			与学生有效学习行为结合点		备注
三大方面	六大要素	十八个基本点	课　前	学科案例说明	
文化基础	科学精神	理性思维	预习中养成在知识理解的基础上进行理性分析的思维习惯，以及多角度研究知识结构体系的习惯。	如学生在预习《洋务运动》《鸦片战争》时，教师要引导学生从多角度分析它们的积极意义和消极意义，可以提出若干假设进行理性分析。	
		批判质疑	预习中对结论性知识进行质疑，对各种结论要带着质疑的眼光去学习，把“这个结论正确吗”视为学习的出发点。	如学生在预习物理《力》时，教师要培养学生的质疑意识，从实践层面分析和论证作用力与反作用力相关结论的正确性和科学性。	
		勇于探究	在预习中引导学生进行大胆探究，对文科知识探究其合理性、严谨性，对理科知识探究其科学性、规律性、形成性。	如学生在预习《新型玻璃》这篇课文时，教师要引导学生探究制造各种玻璃的科学性、合理性、严谨性；学生在预习生物《我们身边的动物和植物》时，教师要引导学生认识动植物生长的规律性。	

续　表

核心素养			与学生有效学习行为结合点		备注
三大方面	六大要素	十八个基本点	课　前	学科案例说明	
自主发展	学会学习	乐学善学	学生掌握预习方法，在预习中培养学习兴趣，养成思考问题的好习惯。	如学生预习地理《地球与地球仪》时，教师要引导学生了解地球，培养他们对地球开展学习研究的兴趣，让学生对地球仪的相关研究结论思考合理性和科学性，培养乐学善思的好习惯。	
		勤于反思	在预习中养成“通过预习我学会了什么”的好习惯。	如学生在预习《分式》时，教师要引导学生掌握、理解基本概念、性质，预习例题后要培养反思的好习惯，如“我学会了什么”，并要求学生把学会的内容进行提炼和总结。	
		信息意识	在自主预习过程中，要主动获取知识信息，养成查找资料的好习惯。	如学生预习地理《中国的自然资源》时，教师应指导学生上网查阅相关资料，使学生主动获取中国自然资源相关知识信息，培养其查找资料的好习惯，同时，也鼓励学生到学校图书馆、社区图书馆查阅资料，使其学会从网络和纸质文献资料中获取知识信息。	

续 表

核心素养			与学生有效学习行为结合点		备注
三大方面	六大要素	十八个基本点	课 前	学科案例说明	
自主发展	健康生活	珍爱生命	在文科预习中体现明显，让学生学会敬畏自然，尊重生命，初步感知生命的意义和价值。	如学生预习生物《动物》时，教师要引导学生如何敬畏自然，尊重生命，热爱小动物，让他们感知动物与人类的关系，动物与自然的关系，以及动物存在的意义和价值。	
		健全人格	在预习中主动汲取文本里主人公、作者的高贵品质和素养，初步形成认知，能够辨别出哪些行为是科学、规范的。	如学生预习《詹天佑》这篇课文时，教师要引导学生初步认知詹天佑发明京张铁路的价值和意义，让学生初步感悟詹天佑的高贵品质和伟大人格。	
		自我管理	学生在自主预习中对预习结果进行自我评价。	如学生在自主预习过程中，教师要引导学生学会自主管理预习资料和课前前置性相关资料，并在预习过程中对预习效果和结果进行梳理和总结，养成自我管理、自我评价的好习惯。	

续　表

核心素养			与学生有效学习行为结合点		备注
三大方面	六大要素	十八个基本点	课　前	学科案例说明	
社会参与	责任担当	社会责任	在预习过程中，一方面从文本人物、事件中领会他们的社会责任、敢于担当的精神，强化社会责任意识，另一方面让学生在小组中担任新的角色和责任，让他们对同学、对小组、对班级荣誉负责。	如学生在预习《邓稼先》这篇课文时，教师要引导他们领悟邓稼先热爱国家、敢于负责、敢于担当的精神。结合学生班级管理实际，让学生从小事做起，在小组和全班学习管理中培养其责任意识、担当意识和集体责任感。	
		国家认同	在预习中通过对文本内容的自主学习，结合相关内容，能够热爱国家、感恩国家，初步体会祖国历史文化的非凡价值和意义。	如学生在预习《钱学森》这篇课文时，教师要引导学生学习钱老热爱国家、感恩祖国的精神，让学生感受中华民族厚重的历史文化，感悟这厚重文化对我们的非凡意义。	
		国际理解	在预习中，能够根据相关内容，增强地球村意识，初步形成国际化意识。	如学生在预习《外交事业的发展》时，教师要引导学生增强国际意识，全球化发展意识，从小形成国际化意识。	

续　表

核心素养			与学生有效学习行为结合点		备注
三大方面	六大要素	十八个基本点	课　前	学科案例说明	
社会参与	实践创新	劳动意识	在预习中，能够根据相关内容，从文本内容体会劳动的积极意义，初步形成喜欢劳动、热爱劳动的意识。	如学生在预习《真正的英雄》《文天祥》时，教师要引导学生从文中体会劳动的积极意义，感受劳动最光荣，劳动与人生、财富、幸福之间的关系。从小培养学生喜欢劳动、热爱劳动的精神。	
		问题解决	在预习中体现问题学习意识，学会自主发现问题，对能够解决的基础性问题进行解决，对不会解决的生成问题。	如预习《最后的一课》这篇课文时，让学生在结构化预习基础上提出“我的问题”，把不会的问题提炼生成出来。	
		技术运用	在预习中学会上网查阅资料，利用媒体课件进行前置性学习，同时能够开发课中所需的PPT等支持型资料。	如学生预习时，教师要指导学生学会上网查阅相关资料，鼓励他们开发和设计PPT课件以便在课内展示学习，也要大胆鼓励学生在预习时制作微视频，以便大家交流学习，使学生的技术运用素质在课前得以提升。	

三、实施以《基础知识评价单》为抓手的学业评价

《礼记·中庸》中写道："凡事预则立，不预则废。言前定则不跲，事前定则不困，行前定则不疚，道前定则不穷。"意思是说：不论做什么事，事先有准备，就能得到成功，不然就会失败。同样道理，课前自主探究学习阶段是提高和保障整个学业水平成绩的关键环节和重要阶段，所以在课前自主预习过程中，学科教师既要培养学生的核心素养，又要提高学生的课前学业水平。我们要以《基础知识评价单》为抓手进行学业水平评价，通过课前学业水平评价来提高和保障学业水平成绩。在课前自主预习过程中，教师指导学生进行高质量的深度预习、结构化预习，与文本实现"三次对话"，学生基本上对文本内容达到基本理解和掌握的程度。在此基础上，为了让学生有效巩固基础知识，教师要事先针对本学习内容开发《基础知识评价单》，在学生自主预习的过程中发给学生，并引导学生规范且正确地完成它。

（一）学科教师如何开发《基础知识评价单》

《基础知识评价单》是学生在预习过程中梳理基础知识，并对基础知识掌握情况进行多元评价的一种保障型工具单，也称课前学业水平评价单。《基础知识评价单》相当于"知会清单"，它针对预习中学生应知应会的知识内容，让学生进行自主梳理和建构，并对其进行过程性评价，目的是保障学生课前学业水平评价效果。

如何开发《基础知识评价单》呢？

第一步，教师要走进文本，认真研读教材，实现"三次对话"；

第二步，确定学习目标、重难点和关键问题；

第三步，教师梳理概念性知识和原理性知识，结合学科特点进行个性化梳理；

第四步，按《基础知识评价单》模板进行设计；

第五步，按目标性、导学性、知识性、水平性四个维度进行评价。

（二）如何认识和使用《基础知识评价单》

《基础知识评价单》共分“基础知识”“多元评价”两个模块，基础知识模块又包含学习目标、重难点、关键问题、概念性知识、原理性知识以及备注部分。此单结构简单，突出目标性、知识性、评价性和易操作性。教师在课前备课中精心设计，然后在学生预习过程中发给学生，让学生自主独立完成。学生在完成《基础知识评价单》时，一定要遵循以下原则。

一是“先读后做”。教师要求学生做到事先充分阅读文本教材，进行前置性充分阅读，学生不能拿到《基础知识评价单》时就直接填写。如果学生不进行深度预习就填写《基础知识评价单》，那么学生自然就不会做单子，不会做便成了负担和压力；如果学生充分预习了，对基础知识有了基本了解，之后做起来自然就容易了。为了解决学生因不会学而导致学无兴趣、学无动力的问题，教师要引导学生做到“先读后做”。

二是“不读不做”。教师要想培养学生自主学习、主动学习、高质量学习的能力和好习惯，就要严格要求学生做到不读书不做单，以免走向有效学习的误区。

三是“合书而做”。当学生开始做单子时，教师要让学生做到“合书而做”，不得翻书找答案。因为找答案的学习是“搬家式”学习、复制式学习，是过眼而未过脑。合上书做属于建构式学习、思考式学习、记忆式学习，是过脑的学习。学生开始时可能有点不习惯，因为确实有一点难度，只要习惯就好了。这种转型将为学生的学习取得高成就奠定良好的基础。

四是切忌“边读边做”。教师一定要记住这一条原则，千万不要让学生一边读书一边做单子，一是这样完成工具单的效率低，时间长，二是学生养成这种坏习惯后会影响学习效果，就好像扔掉“拐杖”独立行走，如果扔不掉“拐杖”，永远也不能独立行走。

下面请看《基础知识评价单》模板设计。

《×××》基础知识评价单

设计人：×××　　审核人：×××　　序　号：×××

班　级：×××　　组　名：×××　　姓　名：×××

【基础知识】

类　别	主要内容	掌握程度	备注
学习目标	知识与技能： 1. 2. 3. 过程与方法： 4. 5. 情感态度与价值观： 6.		
重难点			

续 表

类 别	主要内容	掌握程度	备注
关键问题			
概念性知识	概念 1：		
	概念 2：		
	概念 3：		
	……		
原理性知识	原理 1：		
	原理 2：		
	原理 3：		
	……		
实践性知识			
备注			

【多元评价】

自我评价	同伴评价	小组长评价	课代表评价	任课教师评价

使用说明如下。

1. 教师课前在备课时开发《基础知识评价单》，准确规范地写出学习目标，把概念性知识和原理性知识的名称列清楚，如，概念 1：什么是分式？……分式的基本性质有哪些？

2. 学生在课前领到这张单后，在课前自主探究学习时完成，先预习，然后合书填写，不要让学生一边预习一边抄上去。

3. 课前学生对"掌握程度"进行自评，课后教师和课代表组织"多元评价"。

成功案例分享1：

这一典型案例是河南省周口市文昌中学李兆娣教师开发的工具单，是针对高中政治课《活跃在世界舞台上的中国》而开发的《基础知识评价单》，在高三政治教学中保障了学生课前学业水平和成绩。

《3.3　第三课时：活跃在世界舞台上的中国》基础知识评价单

设计人：李兆娣　　审核人：×××　　序　号：×××

班　级：×××　　组　名：×××　　姓　名：×××

【基础知识】

类　别	主要内容	掌握程度	备注
学习目标	知识技能： 1. 准确说出当今时代主题和影响和平与发展的因素。 2. 知道经济全球化是当今世界的发展趋势。 3. 熟练说出中国在国际社会中的地位、作用、形象。 4. 熟练说出置身世界舞台的中学生应该怎样积极融入当今世界。 5. 概述当前中国面临的机遇和挑战，准确说出国际竞争的实质。 过程与方法： 6. 通过课前自主探究，复述基础知识，填写《基础知识评价单》。 情感态度价值观： 7. 关注中国的国际地位，以及在国际舞台上扮演的角色、发挥的作用，增强国家荣誉感和自豪感。 8. 树立全球观念，维护世界和平，增强忧患意识。		

续　表

类　别	主要内容	掌握程度	备注
重难点	中国在国际社会中的地位、作用、形象； 国际竞争的实质； 中学生应该怎样积极融入当今世界。		
关键问题	中国在国际社会中的地位、作用、形象。		
概念性知识	概念 1：中国的国际地位是什么？		
	概念 2：中国在世界舞台上发挥什么作用？		
	概念 3：中国在国际舞台上树立了什么样的国际形象？		
	……		
原理性知识	原理 1：中学生应该怎样积极融入当今世界？		
	原理 2：		
	原理 3：		
	……		
实践性知识	中国举办国际性会议/论坛取得丰硕成果，你有何感悟？		
备注			

【多元评价】

自我评价	同伴评价	小组长评价	课代表评价	任课教师评价

成功案例分享2：

这一典型案例是四川省成都市43中学苟学建老师开发的工具单，是根据初中化学内容开发的《基础知识评价单》，在初中化学教学中保障了学生课前学业水平和成绩。

案例1：

《2-3　制取氧气》基础知识评价单

设计人：苟学建　　审核人：钟先静　　序号：2-3-1

班　级：______　　组　名：______　　姓　名：______

【基础知识】

类　别	主要内容	掌握程度	备注
学习目标	知识与技能： 1. 记住实验室制取氧气的药品和反应原理； 2. 知道催化剂的特征和作用； 3. 学会装配制取氧气的装置，掌握制取氧气的操作方法； 4. 认识分解反应，并学会判断分解反应。 过程与方法： 5. 能够根据反应物的性质和反应条件来选择制备气体的实验装置与操作方法，会根据生成物的性质选择收集方法； 6. 学会边实验、边讨论、边探究的方法，在活动中激发学习兴趣，在兴趣中提出问题、分析问题、解决问题。 情感态度与价值观： 7. 学生从中养成实事求是、严肃认真的科学态度和良好的实验习惯； 8. 保持对化学实验的浓厚兴趣，从而激发学生学习化学的自觉性和积极性。		

续　表

类　别	主要内容	掌握程度	备注
重难点	1. 实验室制取氧气的反应原理； 2. 催化剂的概念； 3. 分解反应的判断。		
关键问题	1. 实验室制取氧气的原理和方法是什么？ 2. 什么是催化剂？催化剂的特征是什么？		
概念性知识	概念 1：催化剂的概念是什么？举例说明。		
	概念 2：分解反应的概念是什么？举例说明。		
	概念 3：什么是催化作用？举例说明。		
原理性知识	问题 1：实验室制取氧气的原理是什么？三个反应有什么特点？		
	问题 2：工业上大量制取氧气的原理是什么？与实验室制取氧气的原理有没有区别？（物理变化还是化学变化）		
	问题 3：实验室制取氧气哪两种药品要用催化剂？如果不用，情况会如何？		
	问题 4：如果用过氧化氢制氧气，能否用高锰酸钾的装置？为什么？		
实践性知识	问题 1：实验室制取氧气的操作步骤有哪些？		
	问题 2：如果将高锰酸钾和氯酸钾混合在一起加热，反应的先后情况如何？		
	问题 3：在三种实验室制取氧气的反应原理中，你认为最适宜的是哪一种药品？为什么？		
备注			

【多元评价】

自我评价	同伴评价	小组长评价	课代表评价	任课教师评价

案例2：

《3-1　分子和原子》基础知识评价单

设计人：苟学建　　审核人：钟先静　　序号：3-1-1

班　级：______　　组　名：______　　姓　名：______

【基础知识】

类　别	主要内容	掌握程度	备注
学习目标	知识与技能： 1. 认识物质是由分子、原子等微小粒子构成的； 2. 知道分子是保持物质化学性质的最小粒子，原子是化学变化中的最小粒子； 3. 以分子为例，能用微观粒子运动的观点解释日常生活中常见现象； 4. 理解分子、原子的区别和联系，能从分子、原子的角度解释化学变化的微观过程。 过程与方法： 5. 学习通过观察自然、实验、识图等方法获取信息，学习运用想象类比、分析归纳、推理判断等方法处理信息。 情感态度与价值观： 6. 保持和增强对化学现象的好奇心和探究欲，发展学习化学的兴趣，培养合作意识以及勤于思考、严谨求实、勇于创新和实践的科学精神； 7. 建立“世界是物质的，物质是可分的”的辩证唯物主义认识观。		

续　表

类　别	主要内容	掌握程度	备注
重难点	1. 分子和原子的概念及特征； 2. 用分子、原子观点解释日常生活中的现象及物质的变化。		
关键问题	1. 如何理解分子和原子的概念及特征？ 2. 如何用微观粒子的观点解释日常生活中常见现象（热胀冷缩、湿衣服晾干、花香四溢、化学变化等）？		
概念性知识	概念 1：分子的概念是什么？举例说明。		
	概念 2：原子的概念是什么？举例说明。		
原理性知识	问题 1：构成物质的微观粒子有哪些？列举书中由分子构成的物质和由原子构成的物质。		
	问题 2：空气容易被压缩、固体热胀冷缩等现象是因为分子或原子具有什么特点？		
	问题 3：能用分子、原子的观点认识混合物和纯净物吗？请举例说明。		
	问题 4：从微观粒子角度解释化学变化的实质是什么？以氢气和氧气反应生成水为例。		
实践性知识	问题 1：常见的物质中，哪些物质是由分子构成的？哪些物质是直接由原子构成的？		
	问题 2：花香四溢、湿衣服晾干、品红扩散等现象说明分子或原子具有什么特点？		
	问题 3：以分子为例，从微观粒子的角度解释品红溶于水的微观过程是怎样的？		
备注			

【多元评价】

自我评价	同伴评价	小组长评价	课代表评价	任课教师评价

案例3：

《3-2-1　原子的构成及核外电子的排布》基础知识评价单

设计人：荀学建　　审核人：钟先静　　序号：3-2-1-1

班　级：______　　组　名：______　　姓　名：______

【基础知识】

类　别	主要内容	掌握程度	备注
学习目标	知识与技能： 1. 了解原子是由质子、中子和电子构成的； 2. 初步了解原子核外电子排布规律； 3. 能辨认简单原子的原子结构示意图。 过程与方法： 4. 充分发挥学生的空间想象力； 5. 运用形象恰当的比喻减少学生对微观世界的神秘感。 情感态度与价值观： 6. 对学生进行世界的物质性、物质的可分性的辩证唯物主义观点教育； 7. 逐步提高抽象思维的能力、想象力和分析推理能力。		
重难点	1. 原子的构成及原子核外电子排布规律； 2. 用原子的原子结构示意图描述原子的结构。		
关键问题	1. 原子的结构如何？ 2. 原子核外电子有哪些排布规律？		

续　表

类　别	主要内容	掌握程度	备注
概念性知识	概念1：什么是原子的结构？原子由哪些微粒构成？举例说明。		
	概念2：什么是原子结构示意图？举例说明。		
原理性知识	问题1：原子的结构是怎样的？		
	问题2：原子不显电性，为什么？		
	问题3：原子核外电子排布的规律是怎样的？		
	问题4：元素的种类与最外层电子有什么关系？		
实践性知识	问题1：是否所有原子都有中子？		
	问题2：你能根据排布规律画出1～18号元素的原子结构示意图么？		
	问题3：你能从教材54页图3—12中找出哪些规律？		
备注			

【多元评价】

自我评价	同伴评价	小组长评价	课代表评价	任课教师评价

案例4：

《3-2-2　原子的构成及核外电子的排布》基础知识评价单

设计人：苟学建　　审核人：钟先静　　序号：3-2-2-1

班　级：______　　组　名：______　　姓　名：______

【基础知识】

类　别	主要内容	掌握程度	备注
学习目标	知识与技能： 1. 初步了解金属、非金属和稀有气体最外层电子数的特点； 2. 理解最外层电子数对元素化学性质的影响； 3. 掌握离子概念； 4. 了解相对原子质量的概念； 5. 掌握相对原子质量的简单计算。 过程与方法： 6. 充分发挥学生的空间想象力； 7. 学习运用对比、归纳的方法在微观世界和宏观世界之间架起一座桥梁。 情感态度与价值观： 8. 逐步提高抽象思维能力、想象力和分析推理能力。		
重难点	1. 离子的形成与最外层电子数的关系； 2. 相对原子质量的简单计算。		
关键问题	1. 离子的形成与最外层电子数有什么关系？ 2. 什么是相对原子质量？如何计算？		

续 表

类 别	主要内容	掌握程度	备注
概念性知识	概念1：什么是离子？离子符号如何书写？举例说明。		
	概念2：什么是阳离子、阴离子？举例说明。		
	概念3：什么是相对原子质量？举例计算氢、氧的相对原子质量。		
原理性知识	问题1：什么叫原子的稳定结构？		
	问题2：金属元素、非金属元素和稀有气体元素的原子最外层电子数有怎样的特点？		
	问题3：如何从原子结构示意图判断原子和离子？		
	问题4：相对原子质量是真实质量么？它有单位么？表示出计算公式。		
实践性知识	问题1：结合表3-2，你认为相对原子质量与中子、质子和电子有怎样的关系？		
备注			

【多元评价】

自我评价	同伴评价	小组长评价	课代表评价	任课教师评价

《运动和力》基础知识评价单

设计人：李雪莲　　审核人：周文君　　序　号：4

班　级：______　　组　名：______　　姓　名：______

【基础知识】

类　别	主要内容	掌握程度	备注
学习目标	知识目标： 1. 知道什么是物体的惯性，会正确解释有关现象； 2. 初步理解牛顿第一定律的内容和含义； 3. 初步理解运动和力的关系。 能力目标： 4. 通过活动体验一切物体都有惯性，以及它对物理学发展的重要意义； 5. 通过实验探究阻力对物体运动的影响，感受“实验与推理结合”的科学研究方法。 情感态度与价值观： 6. 通过有关惯性的体验活动感受科学就在身边。 7. 通过对科学史的简单了解，体会科学研究方法对人们认识自然规律的重要性，激发学生探索自然的兴趣。		
重点难点	1. 探究运动和力的关系； 2. 理解物体的惯性。		
关键问题	1. 惯性和力的区别； 2. 运动和力的关系。		
概念性知识	概念 1：什么叫惯性？		
	概念 2：牛顿第一定律的内容是什么？		
	概念 3：运动和力的关系是什么？		

续　表

类　别	主要内容	掌握程度	备注
原理性知识	原理 1：惯性和力的区别是什么？		
	原理 2：物体在任何情况下都有惯性吗？		
	原理 3：力是物体维持运动的原因吗？		
实践性知识	问题 1：请列举出生活中惯性的实例？并分析是有益的还是有害的？		
	问题 2：为什么踢出去的球在地面上仍会继续运动一段距离？		
	问题 3：踢出去的球在地面上运动一段距离后，最终会停止是为什么？		
备注			

【多元评价】

自我评价	同伴评价	小组长评价	课代表评价	任课教师评价

案例 11：

《12－11 勾股定理的逆定理》基础知识评价单

设计人：李金燕　　审核人：吕新哲　　序号：12－11－1

班　级：______　　组　名：______　　姓　名：______

【基础知识】

类　别	主要内容	掌握程度	备注
学习目标	知识与技能： 1. 掌握勾股定理的逆定理的内容及应用。 2. 会应用勾股定理的逆定理来判定直角三角形。 过程与方法： 通过研究讨论提高思考问题的能力和逻辑思维能力。 情感态度与价值观： 了解我国古代数学家的伟大成就，激发热爱祖国的思想和求知欲。		
重点难点	1. 勾股定理的逆定理。 2. 根据勾股定理的逆定理判断已知三边的三角形是否为直角三角形。		
关键问题	如何应用勾股定理的逆定理来判定直角三角形？		
概念性知识			
原理性知识	问题：勾股定理的逆定理是什么？请举例说明		
实践性知识	问题：判断下列以 a，b，c 为边的三角形是否为直角三角形： $a=1$，$b=1$，$c=\sqrt{2}$； $a=5$，$b=7$，$c=9$； $a=1$，$b=2$，$c=\sqrt{5}$。		
备注			

【多元评价】

自我评价	同伴评价	小组长评价	课代表评价	任课教师评价

案例 12：

《14－4 一次函数和它的解析式》基础知识评价单

设计人：李金燕　　审核人：吕新哲　　序号：14－4－1

班　级：______　　组　名：______　　姓　名：______

【基础知识】

类　别	主要内容	掌握程度	备注
学习目标	知识与技能： 1. 理解一次函数和正比例函数的概念及解析式的结构特征。 2. 能根据问题中的条件，确定一次函数的解析式。 过程与方法： 通过观察发现一类函数解析式的结构特点，定义一次函数。 情感态度与价值观： 培养由特殊到一般、再有一般到特殊的认知过程。		
重点难点	1. 理解一次函数的概念。 2. 根据实际问题确定一次函数的解析式。		
关键问题	一次函数和正比例函数的定义。		
概念性知识	概念 1：什么是一次函数？请你举例说明。		
	概念 2：什么是正比例函数？请你举例说明。		
原理性知识	问题：一次函数的解析式的特点是什么？		

续　表

类　别	主要内容	掌握程度	备注
实践性知识	问题：判断下列函数哪些是一次函数？哪些是正比例函数？ （1）$y=-x$；（2）$y=-2x^2+1$； （3）$y=\frac{3x+1}{2}$；（4）$y=\frac{2}{3x+1}$。		
	问题 2：已知函数 $y=-5x^{2m-3}$ 是一次函数，求 m 的值。		
备注			

【多元评价】

自我评价	同伴评价	小组长评价	课代表评价	任课教师评价

第三章

基于核心素养的合作对话学习与学业评价

课堂教学与发展学生核心素养的关系是怎样的呢？课堂教学是发展学生核心素养的主要平台和主要途径，相当于核心素养发育的“胚胎”；发展核心素养是提升课堂教学质量和品质的“灵魂”。第三章主要介绍课中各个学科教师如何引导学生开展基于核心素养的合作探究学习和开展学业评价活动。具体包括三个方面：一是写学生在课中开展基于发展核心素养的合作探究学习过程中倡导什么样的合作探究学习理念，将遵循什么样的合作学习原则；二是写学生在课中合作探究学习过程中如何开展以问题解决为途径的合作对话学习，并在合作对话学习过程中如何将核心素养的 18 个基本点与文本学习实现有效对接；三是写学科教师如何学生在合作探究学习过程中以《问题解决评价单》为抓手开展学业水平评价，具体指：第一，学生个体如何自主完成《问题解决评价单》，课中学生小组、全班如何通过合作对话来解决《问题解决评价单》上的问题；第二，课中让学生完成《水平训练评价单》的多元评价。

一、基于发展核心素养的合作对话学习理念和原则

课堂教学是培育和发展学生核心素养的主要阶段和主阵地。学生的一天主要是在课堂教学中度过的，课余时间是极其有限的。发展学生核心素养的 18 个基本点如何在课堂教学环节中得到体现是我们广大一线学科教师普遍关注的问题。这个问题有一定的挑战性，因为，多年来，我们的学科教师上课的主要任务就是讲课，他们误认为教师讲课是天经地义的事情，不讲课才是“误人子弟”，或者是没有尽职尽责。于是，许多学科教师形成了这种固定的传统教学思维。虽然，实施素质教育 20 余年，推进新课程改革 10 多年，很多教师的认识已经有了明显提升，观念也有了一定程度的转变，但是在教学行为上转型的确有一定的难度。所以说，这个问题的解决是有一定挑战性的。目前，依然有很多教师还没有实现转型，希望各位教师在基于发展核心素养的有效学习视野下，逐步实现转型，逐步从权威式讲课走向师生合作探究学习。在这个过程中要积极倡导合作对话学习理念，遵循合作对话学习原则。

（一）合作对话学习理念

理念是行动的先导，有什么样的理念就有什么样的行动。在基于发展核心素养的有效学习视野下，我们各个学科的教师一定要积极倡导问题导向学习理念、合作学习理念、对话学习理念、团队学习理念和师生相长理念。

1. 问题导向学习理念

问题导向学习理念是合作对话学习理念的第一大理念，也是核心理念。因为没有“问题”，难以形成合作对话。反之，如果要实现合作对话学习，那么，同伴之间、小组之间都要有一个“话题”或“问题”，要在“问题”导向指引下，同学之间、师生之间开展合作对话。简单地说，实现合作对话的前提就是“问题导向”。问题导向是贯彻合作对话学习全过程的一个“主轴”或“中心轴”。所以，学科教师要积极引导学生树立问题导向学习意识，建构问题导向学习理念，逐步引导学生将这一问题导向理念贯穿于整个学习过程中，指导学生学会围绕“问题”开展合作探究学习、开展合作对话，通过合作对话将问题解决，从而，培养学生的语言表达能力、问题解决能力，并通过合作对话将知识转化为能力。通过合作对话，既要培养学生的核心素养，又要提高其学习成绩。

2. 合作学习理念

合作学习是 21 世纪国际教育的主旋律之一，联合国教科文组织把“学会合作”作为国际教育改革的“四大支柱之一”。全世界许多国家把合作学习都当作教育推进改革的重要国策，可以说，合作学习在全球范围内推动着各个国家的教育教学改革。其实，合作学习就是两个人以上构成的一个合作小组，通过合作小组开展学习活动。开展合作学习的主要目的有两点：一是通过合作学习，相互帮助、相互协作、相互促进，单位时间内提高学习效率，短时间内缩小成员之间差异，从而大面积提高各个成员的学业成绩；二是通过合作学习，培养各个成员的社会化素质，如交往能力、表达能力、沟通能力、协调能力、合作学习能力、合作解决问题能力等。所以，学科教师要积极引导学生开展合作学习活动，让学生树立合作学习意识，建构合作学习理念，让学生积极主动地走向合作学习，为发展学生的核心素养和提高学业水平成绩搭建平台。

3. 对话学习理念

对话学习是一个古老而又现代的学习理念。古希腊时期苏格拉底提倡对话学习，我国古代孔子提倡对话学习。2001 年我国全面实施新一轮基础教育课程改革，强调自主合作探究学习，在界定的“教学”概念中说：“教学是教与学的交往、互动，师生双方相互交流、相互沟通、相互启发、相互补充，在这个过程中教师与学生分享彼此的思考、经验和知识，交流彼此的情感、体验与观念，丰富教学内容，求得新的发现，从而达成共识、共享、共进，实现教学相长和共同发展。”从这个教学概念来看，我们可以理解为“教学”等同于“对话”，也就是说“教学”的过程就是“师生、生生”对话的过程。因此，我们一线学科教师要科学引导学生树立对话学习意识，建构对话学习理念，培养学生的对话学习能力。尤其是学科教师要挑战自我，由自己过去的“满堂灌”走向“师生平等对话”学习。这里需要提醒的是“师生平等对话”不是简单的指教师向学生提问，而是围绕需要解决的问题开展对话学习，通过对话学习来解决问题，通过解决问题来建构知识、丰富情感、培养能力。

4. 团队学习理念

在教本课堂视野下，我们提倡舞台式教学组织形式，教师面向学生进行统一化教学，学生是相对的个体。在基于发展核心素养的有效学习视野下，我们要积极提倡团队学习，团队学习的优越性大于合作学习，是合作学习的高级阶段。实施团队学习能培养学生团队学习意识，培养团队学习能力，不仅能提高每位成员的学业成绩，还能提高成员的学业水平，更能发展学生的核心素养和综合素质。所以，一线学科教师要积极构建团队学习理念，引领学生走向团队学习，通过团队学习大面积提高教育质量。

5. 师生相长理念

古代《礼记·学记》："学然后知不足，教然后知困。知不足，然后能自反也；知困，然后能自强也。故曰：教学相长也。"一方面教师的教导使学生得到发展；另一方面学生提出的问题和要求，又促使教师继续学习，不断进步。在基于发展核心素养的有效教学视野下，我们一线学科教师更要体现素质教育思想和新课程改革理念，在有效学习过程中，与学生建立民主、人文、和谐、平等、自由的合作学习关系，而不是一味地由教师唱"主角戏"。在有效学习过程中，师生双方相互交流、相互沟通、相互启发、相互补充，在这个过程中教师与学生分享彼此的思考、经验和知识，交流彼此的情感、体验与观念，丰富教学内容，求得新的发现，从而在真正意义上达成共识、共享、共进，实现教师和学生的相互提高和共同发展。所以，学科教师要积极引导学生建构师生相长学习理念，尤其是教师要以身作则，给学生带好头，做好示范和榜样。

（二）合作对话学习原则

课中合作对话学习阶段是发展学生核心素养的主要途径和平台，如何实现基于发展核心素养的有效学习，如何既能发展核心素养，又能提升学业水平。我们的学科教师要引导学生遵循合作对话学习原则。具体要遵循积极参与对话原则、真诚参与对话原则、质疑交流对话原则、激励评价对话原则。

1. 积极参与对话原则

在教本课堂视野下，我们学生的主要学习任务就是“听课”、“记录”，哪位同学大声说话等同于违反课堂纪律。久而久之，我们许多同学都养成不敢积极参与对话的“小毛病”。这个“小毛病”在新课程改革后的课堂教学中就显露出来了。

在发展核心素养的有效学习视野下，我们学科教师要积极鼓励学生大胆参与师生对话学习活动，面对“不敢大声说话、站不像站、声音很小、表达不清晰”的学生，要进行耐心指导和规范行为。让这样的学生充满自信、声音洪亮、语言流畅、思路清晰。我们学科教师要做到：一是进行针对性培训；二是亲自做出示范；三是建立奖励机制，根据不同学段给学生不同方式、不同内容的奖励和评价。总之，学科教师要引导学生遵循积极参与对话原则，在积极对话中学会有效学习，在积极对话中培养核心素养和学业成绩。

2. 真诚参与对话原则

要实现高质量的合作对话学习，就需要人人高投入，真诚地参与对话。如果“心不在焉”，没有投入对话学习，那么就会直接影响对话学习质量。在发展核心素养的有效学习视野下，学科教师要引导学生学会真诚参与对话，能够围绕某一个问题开展真诚对话。这一点非常重要，就像两个人聊天，一个积极主动地全身心投入，另一个无精打采、无心投入，那么这两个人的聊天很快就会结束。在这种情况下也就很难建立对话系统，无法形成对话。同样的道理，在有效学习课堂中，要想通过合作对话来解决问题，建构知识，发展能力，就要让所有同学真诚地参与到对话系统中，开展真诚对话。所以，学科教师要指导学生学会高投入，认真对待对待学习，以平和的心态走向合作对话学习。

3．质疑交流对话原则

在教本课堂中，教师往往就是自己唱“主角”，自导自演，就像唱戏，教师站在舞台上演唱，学生就像观众，在台下看教师演出。台上台下，没有形成上对下的对话系统，更没有相互之间的质疑交流。在基于发展核心素养的有效学习视野下，我们提倡合作对话学习，鼓励师生之间、生生之间开展质疑交流和合作对话。为了能够实现质疑交流和合作对话，学科教师要指导学生遵循质疑交流对话原则。具体要指导学生做到以下几点：一是指导学生学会结构化预习，引导学生在预习过程中发现问题、生成问题；二是营造民主、人文、和谐的学习氛围；三是培养学生的质疑自信和对话自信，引导学生走向“不怕的学习”；四是要培养学生的表达能力。不但让学生敢说，还要会说，会质疑交流，这样才能使对话学习质量得到提高。

4．激励评价对话原则

在基于发展核心素养的有效学习视野下，我们要实现课堂学习对话化，通过合作对话来完成教学任务，实现学习目标。为了使师生对话和生生对话水平得以持续提高，我们要遵循激励评价对话原则。落实这个原则是建立对合作对话进行有效评价的良性机制，一是针对某一问题开展对话交流后，他们的对话质量如何，由其他小组的同学或教师进行科学评价，评价其科学性、正确性和合理性；二是在对话解决过程中，我们要给予过程性和规范性评价，确保对话结果的完整性和科学性；三是建立全程性对话激励机制，不仅在口头语言上给予表扬和肯定，教师还要适当地准备物质奖励和精神激励；四是营造一个激励评价的传递正能量的舆论氛围，让学生在这种激励性评价氛围中快乐学习、合作学习。

二、基于问题生成解决为途径的合作对话学习方法

课堂教学是发展学生核心素养的主要场所和核心平台，学生每一天的主要学习时间都在课堂教学中度过。在基于发展核心素养的有效学习视野下，我们倡导基于问题生成解决的合作对话学习。根据教学目标，将知识转化为问题，师生共同围绕问题开展合作对话学习，通过合作对话进行问题解决，实现知识建构、丰富情感、发展能力的目的。在这个过程中如何既能发展核心素养，又能提升学业水平呢？我们认为应该采用基于问题解决为主的人文情趣型合作对话法、科学思维型合作对话法、学会学习型合作对话法、健康生活型合作对话法、责任担当型合作对话法和实践创新型合作对话法。具体概述如下：

（一）基于问题解决为主的人文情趣型合作对话法

人文情趣型合作对话法是指以丰富人文底蕴为情感目标，对文本问题通过合作对话解决的学习方法。这种人文情趣型合作对话学习法适合于人文学科学习，或者是理科学科中明显体现人文精神的章节内容。学科教师指导学生在使用这一合作对话学习方

法时，要从文本内容中捕捉和提取情感信息、人文信息，并转化为问题；再讲文本中的人物成长经历、人物伟大成就、人物对社会贡献以及人物的社会价值、历史意义等方面的人文知识转化问题时，通过合作对话对这些问题进行交流，达到深刻理解，增强学生们的人文积累、人文情怀和审美情趣。

从人文积淀角度，学科教师要引导学生讨论人物成长经历和成就，通过人文情趣型合作对话，让学生实现各学科的人文积淀。如语文课中，语文教师在组织学生学习《邓稼先》这篇课文时，要事先预设这样一个问题："邓稼先先生有什么样的成长经历，取得了哪些伟大成就？"引导学生围绕这个问题开展讨论和交流，使课文中的人文知识在学生们身上得到进一步沉淀。

从人文情怀角度，学科教师要引导学生讨论、展示对话中对主要人物、事件、成就进行感悟、总结、提升。如历史课中，历史教师在组织学生学习《辛亥革命》这一内容时，教师要在课中预设一个问题："辛亥革命中的主要人物、事件、成就和意义有哪些？"教师要通过这个问题来引导学生开展讨论、展示对话，在合作对话过程中进行感悟、总结和提升。

从审美情趣角度，学科教师要指导学生通过对话品味知识形成的过程美和价值美，深刻品味到人物形象美、知识结构美、逻辑关系美、心灵思想美，追求发自内心喜欢的境界。如数学课中，数学教师要在组织学生学习《圆的方程》时，要预设两个问题："一是圆的方程是如何构成的？""二是圆的方程有何现实意义？"数学教师要引导学生围绕这两个问题进行讨论和交流，让学生感受知识形成的过程美、结构美和逻辑关系美。如语文课中，语文教师在组织学生学习《散步》这篇课文时，要预设这样一个问题："父亲为什么选择那条路呢"，引导学生围绕这个问题进行讨论和展讲，让学生感受“父亲”的人物形象美，让学生从内心对这位“父亲”产生敬意。

（二）基于问题解决为主的科学思维型合作对话法

科学思维型合作对话学习法是指以培养科学精神为素养目标对文本问题进行合作对话的学习方法。这种科学思维型合作对话学习法适合于理科知识学习和自然科学知识学习，对于文科中的结论性知识、议论文题材内容也比较适合。在使用科学思维型合作对话学习方法过程中，学科教师要引导学生学会理性思维，用质疑批判的眼光来看待事物和问题，对文本上的结论性问题和结果性问题在合作对话中要敢于质疑和勇于探究，最后，不但使问题得到有效解决，还能培养学生的质疑精神和合作探究精神。

从理性思维角度，学科教师要引导学生讨论展讲中对所要解决的问题进行深刻分析，指导学生从多角度分析。如地理课中，地理教师在组织学习《地球公转和自转》时，教师要预设一个“地球的公转和自转有什么关系”的问题，通过对这个问题的合作对话，来引导学生多角度分析问题，培养学生的理性思维能力。

从批判质疑角度，学科教师要引导学生在小组讨论过程中对结论性知识或问题进行批判和质疑。如物理课中，物理教师在组织学生学习《浮力定理》时，教师要预设一个问题：“结合生活实际，探究浮力定理的科学性和合理性。”引导学生在讨论展讲中结合实际进行质疑和探究。同时，学科教师要在学生展讲过程中对结论性、推导性结果进行质疑，如小学数学课中，数学教师组织学生学习“小数点”时，教师要预设一个问题：“为什么小数点左移数变小、右移数变大?”引导学生在讨论展讲时对这个结论进行质疑，探究其结论的合理性。

从善于探究角度，学科教师要引导学生在讨论、展讲环节中进行探究学习，对教师和学生的预设问题要进行思考探究、对话探究、实验探究。如科学课中，科学教师组织学生在学习“水蒸气”时，教师要预设一个问题：“水加热为什么会产生水蒸气？”通过对这个问题的合作对话，引导学生进行实验探究、对话探究，引发学生深度思考。

（三）基于问题解决为主的学会学习型合作对话法

学会学习型合作对话学习法是指以指向学会学习为发展目标围绕文本问题（显性问题和隐性问题）进行合作对话解决的学习方法。这种基于问题解决为主的合作对话学习法适合于所有学科知识的学习。在传统课堂教学视野下，我们许多教师在课堂教学过程中主要给学生讲授、传递课本上的知识，没有指导学生如何学习。只给“一条鱼”，而没有教给学生“打鱼”的方法。于是，在教本课堂中的学生基本上是不会学习，不爱学习，甚至讨厌学习，失去了终身学习能力和兴趣。为了培养学生终身学习，学科教师要经常采用基于问题解决为主的学会学习型合作对话学习法，提高学生合作对话学习能力。在使用本方法时，学科教师要指导学生学会发现问题、生成问题，让学生围绕问题开展合作探究、合作对话学习，通过合作对话来解决问题。通过解决问题来建构知识、培养能力、丰富学生学习情感，实现“三维目标”。这里的“问题生成”需要三个阶段，第一阶段：教师预设问题。教师通过文本学习预设问题，让学生围绕教师预设的问题开展合作对话学习；第二阶段：教师整合师生问题。教师要整合学生问题、教师预设问题，在第一阶段基础上教师要引导学生学会生成问题，然后学科教师要依据课标、目标和学生发展需要来整合问题。最后，让学生围绕教师整合的问题开展合作对话学习；第三阶段：学生生成问题。教师要引导学生逐步学会生成高质量问题，学生生成问题要能达到课标和目标要求的高度。然后，让学生围绕生成的问题开展合作对话学习。

如何开展合作对话学习呢？我们在这里给大家介绍一种非常实用的展示对话学习方法。“展示对话学习”六字诀——即“展、思、论、评、演、记”。这 6 个要素不是独立的要素，而是一个闭合系统，并且是一个展示行动的连续体。将本策略用一段话描述出来是这样的：当某一同学或某一组代表进行展讲时，其他小组成员一定要倾听与思考，根据展讲者的提问，引发讨论和对话，对讨论结果本组或其他组要进行及时评价。为了丰富展讲内容，本组或其他组都可以进行补充。在整个展示对话过程中，所有同学都应认真做好记录。

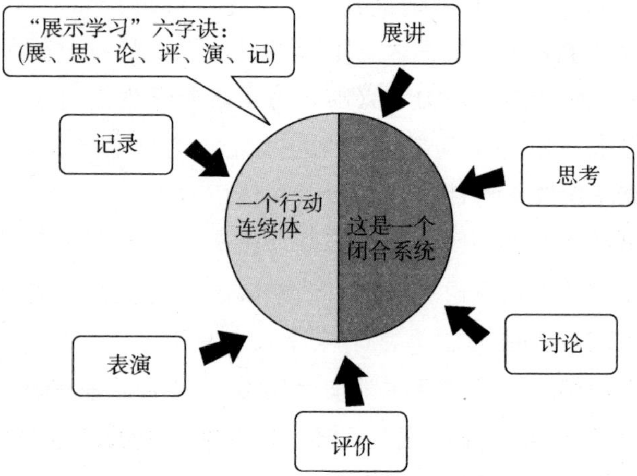

具体操作方法解读如下：

★展——即“展讲”。某小组集体或代表就讨论问题或主题进行结构化展讲。“展讲”过程要使用8个策略：

一是要注意展讲话语结构：破冰语、陈述语、讨论语和结束语。规范话语模板：

“破冰语”：“同学们大家好！请把目光聚焦到我这里……”；

“陈述语”：“经过小组讨论，我们认为这个问题这样解决……”；

“讨论语”：“我们组展讲完毕，大家有疑问或补充吗……”；

“结束语”的表达通常有两种方式：一是直接结束，“我们组展讲完毕，谢谢大家！”二是经过讨论后进行归纳性总结，然后进行结束，“经过大家讨论后这个问题基本上得到解决，现在总结如下：一是……，二是……，三是……请大家做好记录，谢谢大家！”

二是注意展讲礼仪规范。抬头挺胸、声音洪亮、个性张扬、落落大方、真实自然，眼睛亦聚焦亦巡视，身体平面与黑板平面之间最好形成30°与45°夹角。

三是采用“1+3+1”展讲模式。前“1”表示一个人或一个组代表展讲，“3”表示引发3人讨论、补充和提问，但是“3”这个数字不是固定的，可以根据学生学段来确定，比如小学阶段，补充质疑人数可以增为5—6人；高中年段可以减少为1—2人。人数的确定，既要考虑学段，还要考虑问题解决的质量和效度。后“1”表示一个人规范指导，这一节点上教师可采用6种激活策略，后面会专门讲6种激活策略。

四是遵循展讲“三度”原则：时间度、言简度和适切度。

“时间度”指学生在展讲过程中要注意展讲的时间长度，不能随意性太强，最好在教师预定时间内完成展讲；“言简度”是指展讲学生应言简意赅，不能拖泥带水；“适切度”是指展讲内容要有针对性，紧扣主题，不能离题万里。

五是落实“三展”策略。即预习中暗展、讨论中预展、展示中明展。“预习中暗展”是指学生要在预习过程中对所解决的基础性问题进行暗自展讲练习；“讨论中预展”是指学生在小组讨论过程中要对下一步将要展讲的问题及答案进行组内预备性展讲；“展示中明展”是指学生在全班公开展讲时尽可能做到十分熟练，达到脱稿展讲境界。

六是“三即”策略。即举、即起、即说。也就是说，当主持人说：“关于这个问题，下面由哪个组展讲?”时，事先指定组或其他组成员要立刻起身，一边举手，一边说话，“同学们大家好！我代表××组进行展讲……”这样能提高单位时间的效率。

七是“三秒间”策略。也就是在进行展讲时，组与组之间的间隔时间，或者是相互之间应答时不要超过 3 秒。这样可以节省时间，提高学习效率。

八是“边走边讲”策略。是指当展讲者接到展讲的指令后，从原座位起身走到展讲地点（或者是讲台上），不要安静地只顾走路或跑步走上讲台，为了节省时间和营造不间断的对话场合，展讲者要采用一边走一边展讲的方式，也就是“边走边讲”策略。

【原理】借嘴展脑。值得注意的是，很多人关于“展讲”学习的认识不足，许多人认为应该教师展讲，既能讲得清楚，又能节省时间。而学生展讲，既讲不清楚，又浪费时间。何苦这样费事呢？这里需要给大家讲清楚一个原理，那就是“借学生的嘴促进发展学生、教师的大脑”，同时又能促进学生走向主动学习、积极学习。学生为了在展讲学习中取得优异表现，他们会积极准备。在准备的过程中就由被动学习、消极学习走向主动学习、积极学习。使学生由静态化的被动学习转向了动态化的积极学习。还包含一个原理：谁参与谁受益，谁展讲谁成长。直接参与展讲的学生是最大受益者，因为他的学习是吸收信息、加工信息、输出信息的过程，是动脑思考的过程，是表达性学习的过程。这里需要大家改变传统的、被动的、接受式、静态的学习观念，需要建构新型的建构式主动学习观念。

★思——即“思考”与“倾听”。当一名同学展讲时，其他同学都要学会倾听和思考，以备及时回应。

★论——即“讨论”。根据展讲人的质疑和问题，及时参与讨论，提出自己或小组见解。

★评——即“评价”。对大家的讨论过程和结果，及时做出有效性、针对性的科学评价。

★演——即“表演”。为了更加说明问题，或使问题解决更加完美，本组或其他小组可以采用体现多元智能理论的表演方式来补充。需要注明的是，一般而言，文科可称“表演”，理科可称“演示”。

★记——即“记录”。当其他同学展示对话时，课前准备不够完善的同学，一定要在单位时间内做好记录，以便回归复习和巩固。“记”的另一个含义是对正确性结论和展示对话过程有意识地记忆。

对于“六字诀”的理解，可根据具体课堂学习需要来灵活使用，不可片面使用。在指导学生时要求他们科学灵活地掌握。既可当作完整的一个系统策略使用，也可使用单个小策略。在实施这个策略过程中，教师必须要转换角色，把自己视为学生的同伴，共同与学生合作交流解决问题。“问题”是最高位的，教师不是最高位的，教师是为学生顺利解决问题提供各种有效服务和支持的服务者和顾问。

为了在课中培养学生的核心素养，我们要使用基于问题解决为主的合作对话学习法，主要是课前由教师或者学生生成问题，然后在课堂中师生围绕问题进行合作对话学习。通过合作对话学习实现学习目标，发展核心素养，提高学业水平。重点从以下三个方面开展行动：

从乐学善思角度，学科教师在课中指导学生学会讨论学习、展示学习的方法和策略，在这个过程中体验成功乐趣；在讨论、展讲中对每一个问题的解决都要进行深度思考，不要简单复制和“搬家式”学习。如课中，学科教师要培养学生的小组讨论学习能力、展示对话学习能力，指导讨论、展讲的方法和技巧，并通过课堂实践让学生在讨论展讲中体验讨论、展讲的乐趣，尤其是在展讲过程中，引导学生学会思考，在对话中引发深度思考，培养思考能力。

从勤于反思角度，在课中学科教师要使学生养成“通过课堂学习我发现了什么”的反思好习惯。可以通过两种方式进行培养和体现：一是在课中当展讲完某一个问题时，教师或同学可以积极思考；二是在课后总结时，要引导学生对本节课内容进行反思，让学生谈谈“通过本课发现了什么?”

从信息意识角度，学科教师要指导学生在讨论展讲过程中学会加工信息、整合信息，培养形成个性化知识信息储备和培养信息处理方法及能力，使所学知识被进一步深刻理解。如语文课，在学习《观云识天气》时，语文教师预设有关“各种云彩与天气变化有何关系”的问题，让学生在课前通过网络收集信息，课中通过讨论展讲整合信息、加工信息，并形成个性化的知识储备信息。这个过程就使所学知识被进一步理解。然后，在课中采用合作对话学习方法进行深度交流和对话，通过合作对话来解决问题，建构知识，培养能力。

（四）基于问题解决为主的健康生活型合作对话法

健康生活型合作对话学习法是指以追求健康生活为人生目标对文本问题进行合作探究的学习方法。这种合作对话学习方法适合于人文学科知识、自然学科知识，如适合于初中生物、化学、地理学科，小学科学，以及语文课文中涉及人物形象的内容。在使用本合作对话学习方法时，学科教师要指导学生在文本问题对话学习中学会珍爱大自然中的生命，不断地从历史上伟大人物那里学习高贵品质，逐步健全学生人格，丰富学生情操。通过这个学习方法来学会珍爱生命，健全人格，学会自我管理。学科教师要指导学生从如何珍爱生命、健全人格、自我管理等角度进行合作对话学习。

从珍爱生命角度，学科教师指导学生在讨论展讲过程中，对大自然中的动植物、人类、地球、宇宙的存在价值和意义进行深刻理解和全面体会。如生物课，生物学科教师在组织学生学习《爱护植被 绿化祖国》一课时，要预设“为什么要爱护植被？怎样爱护植被”的问题，在组织对话展讲时，让学生深刻理解和全面体会“植被”存在的价值和意义。

从健全人格角度，学科教师在组织讨论、展讲过程中要引领学生深刻体会伟大品格的意义和价值，通过对话达到赞赏、倾慕的境界。如在语文课上，语文教师在组织学生学习《一夜的工作》时，语文教师要预设“周总理的伟大品格体现在哪些方面”的问题。引导学生在讨论、展讲时，要通过生生对话、师生对话来深刻体会周总理的伟大品格，以及对我们的积极影响。

从自我管理角度，学科教师在课中引导学生讨论。展讲中，对所要发表的观点和任务性工具单进行自我评价。如在课中，学科教师要指导学生对学习用具、任务型作业、工具单进行自主管理，学会自我评价。建议教师采用学科文件夹管理，有助于培养学生自我管理的好习惯。这一内容在本书的第五章有专门的论述和说明。

（五）基于问题解决为主的责任担当型合作对话法

基于问题解决为主的责任担当型合作对话学习法是指以培养社会责任担当为做人准则对文本问题进行合作对话的学习方法。这种学习方法适合于人文学科，如语文、政治、历史等，在使用本学习法时，学科教师要指导学生从社会责任、国家认同、国际理解三个角度进行合作讨论和合作展讲对话学习，从历史事件、重要人物身上学会如何增强社会责任感，增强爱国热情，增强国际认同感，建立全球化的国际意识。合作对话学习法主要是从社会责任、国家认同、国际理解三个角度开展合作对话的，要通过合作对话学习法发展核心素养，提高学业水平，提升综合素质能力。

从社会责任角度，学科教师在组织学生课中讨论、展讲中，让学生通过合作对话来体会、感悟文本人物的社会责任和社会影响；另一方面对每位成员的学习过程负责，确保班级学习效果，通过多元主体评价来落实课堂学习效果，培养社会责任意识。如在语文课，语文教师在组织学生学习《为人民服务》时，教师要预设一个有关社会责任的问题，如“张思德同志是一个什么样的人”。引导学生讨论、交流主人公张思德同志是富有社会责任的人，是一个全心全意为人民服务的人。从而，培养学生的社会责任意识。

从国家认同角度，学科教师要指导学生通过合作讨论、合作展讲来进一步热爱国家，认同国家的法律，认同社会主义核心价值观，认同国家的文化、政治，深深感受到学生自身发展与国家的繁荣昌盛息息相关。如语文课，语文教师在组织学生学习《千年梦圆在今朝》时，要引导学生感受从 1949 年到 1992 年，再到 2003 年，经过几代人的努力，我国终于自行研制“神舟”五号载人飞船。到 2005 年第二次成功实现载人航天飞行。教师要预设一个问题：“我国自行研制‘神舟’五号航天飞船与国家发展有何关系?”通过讨论展讲让学生增强国家认同感，使学生更加热爱国家。

从国际理解角度，学科教师在组织学生合作讨论、合作展讲学习中，引导学生对当今的国际社会发展有新的认识，能够理解中国的国际地位，以及与国际社会和谐发展的重要性。如在地理课上，在组织学生学习《中国的位置》时，地理教师要预设以下问题：一是我国的纬度位置和海陆位置的特点有哪些？二是如何用亚洲政区图来读图识图记忆？三是如何培养热爱祖国的情怀?通过对上述三个问题进行合作讨论、合作展讲后，让学生深刻理解中国的国际地位，以及与国际社会和谐发展的重要性。

（六）基于问题解决为主的实践创新型合作对话法

基于问题解决为主的实践创新型合作对话学习法是指以培养实践创新能力为取向对文本问题进行合作对话学习的一种学习方法。本学习方法适合于人文学科、自然学科知识的学习，学科教师要结合文本问题培养学生热爱劳动的意识，培养学生问题发现、问题解决的能力，以及运用信息技术的能力。在使用本方法时，学科教师要指导学生从劳动意识、问题解决、技术运用三个方面开展合作对话活动。

从劳动意识角度，学科教师要引导学生通过合作讨论、合作展讲来深刻理解学会劳动的长远意义和重要价值。如在语文课，语文教师在组织学习《把铁路修到拉萨去》时，语文教师要预设一个问题："铁路建设者在修建青藏铁路过程中遇到了哪些困难，是怎么克服的?"引导学生通过合作讨论和合作展讲来理解建设者们修铁路的长远意义和重要价值。引导学生学会劳动，喜欢劳动。

从问题解决角度，学科教师在组织学生开展合作讨论、合作展讲探究中，对重点问题、难点问题要通过合作对话和合作探究来解决问题。如在数学课上，在组织学生学习《反比例函数》时，数学教师要预设重难点问题："如何理解反比例函数的概念，能根据已知条件列出反比例函数解析式"；关键问题："如何理解反比例函数的意义?"引导学生在合作讨论、合作展讲中对这两个问题进行探究。

从技术运用角度，学科教师在组织学生开展讨论、展讲交流学习时，能够规范、科学、熟练地使用信息技术手段，提高学习效率。如化学课，在学习《燃烧与灭火》时，教师要引导学生网络在线学习，也引导学生利用信息技术制作 PPT，在学生进行合作对话学习过程中，利用 PPT 进行展讲对话学习。运用信息技术手段提高合作学习效率，提高学生运用信息技术水平。

通过上述六种基于问题解决为主的合作对话学习方法，使学生核心素养的 18 个基本点在学科教学过程中得到充分渗透，也就是在学生合作对话过程中使 18 基本点“接地气”，使建构式学习与发展核心素养得到有机结合，通过合作对话学习使学生在课中阶段的核心素养得到有效培养，学业水平得到提升。

学生核心素养基本点与学科教学中学习行为结合点研究

核心素养			与学生有效学习行为结合点		备注
三大方面	六大要素	十八个基本点	课中	学科案例说明	
文化基础	人文底蕴	人文积淀	讨论并探究人物的成长经历和成就。	如语文课，在学习《邓稼先》这篇课文时，教师预设一个问题：“邓稼先先生有着怎样的成长经历，取得了哪些伟大成就？”引导学生围绕这个问题进行讨论和交流，使课文中的人文知识得到进一步沉淀。	
		人文情怀	讨论、展示中对人物、事件、成就的意义进行感悟、总结和提升。	如历史课，在学习《辛亥革命》时，教师要预设一个问题：“辛亥革命中的主要人物、事件、成就和意义有哪些？”教师要引导学生在讨论、展讲中进行感悟、总结和提升。	

续　表

核心素养			与学生有效学习行为结合点		备注
三大方面	六大要素	十八个基本点	课中	学科案例说明	
文化基础	人文底蕴	审美情趣	通过对话品味知识形成的过程美和价值美，深刻品味人物形象美、知识结构美、逻辑关系美、心灵思想美。追求发自内心喜欢的境界。	如数学课，在学习《圆的方程》时，教师要预设两个问题：“圆的方程是如何构成的?”“圆的方程有何现实意义?”引导学生围绕这两个问题进行讨论和交流，让学生感受知识形成的过程美、结构美和逻辑关系美。如语文课，在学习《散步》这篇课文时，教师要预设一个问题“父亲为什么选择那条路呢”，引导学生围绕这个问题进行讨论和展讲，让学生感受“父亲”的人物形象美，让学生从内心对这位“父亲”产生敬意。	
	科学精神	理性思维	讨论展讲中对知识学习、问题解决进行深入分析，学会从多角度分析。	如地理课，在学习《地球公转和自转》时，教师要预设一个问题：“地球的公转和自转有什么关系?”引导学生在讨论展讲时进行多角度分析。	

续　表

核心素养			与学生有效学习行为结合点		备注
三大方面	六大要素	十八个基本点	课中	学科案例说明	
文化基础	科学精神	批判质疑	①在小组讨论过程中对结论性知识进行批判和质疑；②在展讲过程中对结论性、推导性结果进行质疑。	①如物理课，在学习《浮力定理》时，教师要预设一个问题“结合生活实际，探究浮力定理的科学性和合理性”。引导学生在讨论展讲中结合实际进行质疑和探究。②如小学数学课，在学习“小数点”时，教师要预设一个问题：“为什么小数点左移变小、右移变大?”引导学生在讨论展讲时对这个结论进行质疑，探究结论的合理性。	
		善于探究	在讨论、展讲环节中引导学生进行探究。对教师和学生的预设问题要进行思考探究、对话探究和实验探究。	如科学课，在学习“水蒸气”时，教师要预设一个问题：“水加热为什么会产生水蒸气?”要引导学生进行实验探究、对话探究，引发学生进行深度思考。	

续 表

核心素养			与学生有效学习行为结合点		备注
三大方面	六大要素	十八个基本点	课中	学科案例说明	
自主发展	学会学习	乐学善思	在课中学会讨论学习、展示学习的方法和策略，在这个过程中体会成功乐趣；在讨论、展讲中对每一个问题的解决都要进行深度思考，不要简单复制和“搬家式”学习。	如课中，教师要培养学生的小组讨论学习能力、展示对话学习能力，指导讨论、展讲的方法和技巧，并通过课堂实践让学生在讨论展讲中体验讨论、展讲学习的乐趣；尤其是在展讲过程中，引导学生学会思考，在对话中引发深度思考，培养思考能力。	
		勤于反思	在课中要总结“通过课堂学习我发现了什么”。	两种方式进行培养和体现：一是在课中当展讲完某一个问题时，可以引导学生进行反思；二是在课后总结时，引导学生对本节课内容进行反思，让学生谈谈“通过本堂课我发现了什么”。	

续 表

核心素养			与学生有效学习行为结合点		备注
三大方面	六大要素	十八个基本点	课中	学科案例说明	
自主发展	学会学习	信息意识	在讨论展讲过程中要加工信息、整合信息，形成个性化知识信息储备和培养信息处理方法及能力，使所学知识被进一步深刻理解。	如语文课，在学习《观云识天气》时，教师预设有关“各种云彩与天气变化有何关系”的问题，让学生在课前通过网络收集信息，课中通过讨论展讲整合信息、加工信息，并形成个性化的知识储备信息。在这个过程中使所学知识被进一步深刻理解。	
	健康生活	珍爱生命	在讨论展讲过程中，对大自然中的动植物、人类、地球、宇宙的存在价值和意义深刻理解和全面体会。	如生物课，在学习《爱护植被 绿化祖国》时，教师要预设“为什么要爱护植被？怎样爱护植被”的问题，在组织讨论展讲时，让学生深刻理解和全面体会“植被”存在的价值和意义。	
		健全人格	在讨论、展讲中能够深刻体会伟大品格的意义和价值，通过对话达到赞赏、倾慕的境界。	如语文课，在学习《一夜的工作》时，教师要预设“周总理的伟大品格体现在哪些方面”的问题。引导学生在讨论、展讲时通过对话深刻体会周总理的伟大品格，以及对我们的积极影响，引领学生达到对周总理倾慕的境界。	

续 表

核心素养			与学生有效学习行为结合点		备注
三大方面	六大要素	十八个基本点	课中	学科案例说明	
社会参与	健康生活	自我管理	在讨论、展讲中对所发表的观点、完成的任务性工具单进行自我评价。	在课中，教师要指导学生学会对学习用具和完成的任务型作业、工具单进行自主管理，学会自我评价。建议教师采用学科文件夹管理，有助于培养学生的自我管理好习惯。	
	责任担当	社会责任	在讨论、展讲中，让学生体会、感悟文本人物的积极社会影响；另一方面对每位成员的学习过程负责，确保班级学习效果，通过多元主体评价来落实课堂学习效果，培养社会责任意识。	如语文课，在学习《为人民服务》时，教师要预设一个有关社会责任的问题，如“张思德同志是一个什么样的人”。引导学生讨论、交流主人公张思德同志是富有社会责任的人、是一个全心全意为人民服务的人。从而，培养学生的社会责任意识。	

续　表

核心素养			与学生有效学习行为结合点		备注
三大方面	六大要素	十八个基本点	课中	学科案例说明	
社会参与	责任担当	国家认同	通过讨论、展讲更加热爱国家，认同国家的法律，认同社会主义核心价值观，认同国家的文化、政治，感受到学生自身发展与国家的繁荣昌盛息息相关。	如语文课，在学习《千年梦圆在今朝》时，引导学生感受从1949年，到1992年，再到2003年，经过几代人的努力，我国终于自行研制“神舟”五号飞船。到2005年第二次成功实现载人航天飞行。教师要预设一个问题“我国自行研制‘神舟’五号航天飞船与国家发展有何关系”，通过讨论展讲让学生增强国家认同感，使学生更加热爱国家。	
		国际理解	在讨论展讲学习中，对当今国际社会的发展有新的认识，能够理解中国的国际地位，以及与国际社会和谐发展的重要性。	如地理课，在学习《中国的位置》时，教师要预设以下问题：一是我国的纬度位置和海陆位置的特点有哪些？二是如何用亚洲政区图来读图识图记忆？三是如何培养热爱祖国的情怀？通过对上述三个问题进行讨论展讲，深刻理解中国的国际地位，以及与国际社会和谐发展的重要性。	

续 表

核心素养			与学生有效学习行为结合点		备注
三大方面	六大要素	十八个基本点	课中	学科案例说明	
文化基础	科学精神	劳动意识	通过讨论、展讲深刻理解学会劳动的长远意义和重要价值，培养自食其力，克服“啃老”或贪图享乐的不健康心理。	如语文课，在学习《把铁路修到拉萨去》时，教师要预设一个问题：“铁路建设者在修建青藏铁路过程中遇到了哪些困难，是怎么克服的?”引导学生通过讨论和展讲理解建设者们修铁路的长远意义和重要价值。引导学生学会劳动、喜欢劳动。	
		问题解决	在讨论、展讲、探究中通过对话和实践探究对重点问题、难点问题进行解决。	如数学课，在学习《反比例函数》时，教师要预设重难点问题：“如何理解反比例函数的概念，能根据已知条件列出反比例函数解析式?”关键问题：“如何理解反比例函数的意义?”引导学生在讨论展讲中对这两个问题进行探究。	
		技术运用	在讨论、展讲、实验、拓展训练学习中，能够规范、科学、熟练地使用信息技术手段，提高学习效率。	如化学课，在学习《燃烧与灭火》时，教师不仅要引导学生进行网络在线学习，还要引导学生利用信息技术进行拓展学习。	

三、实施以《问题解决评价单》为载体的学业评价

在第二章中，我们重点介绍了《问题解决评价单》如何开发，这里我们主要介绍“问题解决评价单”如何使用更加科学、更加有效、更加有价值。学科教师在课前备课中开发好《问题解决评价单》，当学生在课前领到这张单后，在课前的自主探究学习时完成，也可以在课前小组内探究后完成。学生在课中继续通过合作对话、小组讨论来解决这些问题。如果课前学生不能完成，学科教师在课中应给以规范讲解，让学生利用这个工具单进行详细记录。

（一）关于如何实施“多元评价”，提出以下几点建议：

一是学科教师责成全班课代表和小组长负责落实，尽可能在课中进行合作评价，确保多元评价的效果。

二是学科教师要培养学生的自我评价意识，指导学生学会自我评价，养成认真、严谨、公正、客观进行自我评价的好习惯。

三是学科教师要指导学生的同伴评价意识，要培养学生在同伴之间的相互合作、相互监督、相互督促、相互成长的意识，敢于面对同学的错误和不足，积极帮助和指导同伴改正错误。学会鼓励和激励同伴学习，唤醒同伴的评价意识，让同伴之间精诚合作，共同走向成功。

四是学科教师指导小组长要积极认真地对待工作，不能流于形式，不能马马虎虎、应付差事，要真诚对待，严肃认真，需要更正的一定让成员修改过来，不能得过且过，确保小组成员完成的质量。

五是学科教师要指导课代表认真负责，起到“领头雁”的示范引领作用，不论是课前、课中、课后都要组织全班各个小组开展多元评价活动，确保全班同学保质保量地完成《问题解决评价单》。

成功案例：四川省成都市磨子桥分校小学积极创建学本课堂，培育学生核心素养，提高学生学业水平，这是六年级语文组雷蕾老师开发和设计的《问题解决评价单》，在基于发展核心素养的有效学习实践中取得了理想的效果。

《岁寒三友》问题解决评价单

六年级　语文组　设计人：雷蕾　　审核人：李素英

班　级：______　组　名：______　姓　名：______

【学生生成问题】

通过阅读《墨梅图题诗》《墨竹图题诗》《题长松图》，你认为“岁寒三友”象征了怎样的精神？

【教师预设问题】

问题1：阅读《黄山松》《竹颂》《梅香正浓》后，分析三篇课文的写法，品格的共同点和不同点，特点、品质和精神。

课文	共同点 （写法、品格）	不同角度 （写法、体裁）	特点、品质、精神 （写关键词）
《黄山松》			
《竹颂》			
《梅香正浓》			

问题 2：你从黄山松身上感受到了什么？《竹颂》中作者为什么称呼竹子为“劲竹”？

问题 3：《梅香正浓》中的“梅香”指的是什么？

【问题拓展】

你还知道哪些关于“岁寒三友”的诗词和名言？能否用诗、画、印、诵于一体的方式表现出来？

【多元评价】

自我评价	同伴评价	学科长评价	小组长评价	教师评价

成功案例：四川省成都市 43 中学积极创建学本课堂，培育学生核心素养，提高学生学业水平，这是初中化学组老师开发和设计的《问题解决评价单》，在基于发展核心素养的学本课堂中有效提升了学生的学业水平。

《2-3 氧气的性质》问题解决评价单

设计人：______　　审核人：______　　序　号：2-3-2

班　级：______　　组　名：______　　姓　名：______

【教师预设问题】

问题 1：什么是催化剂？催化剂起什么作用？请举例说明。

问题2：你能总结出实验室制氧气的操作步骤吗？（要求最简单的记忆法）

问题3：如果将高锰酸钾和氯酸钾混合在一起加热，反应的先后情况如何？

问题4：如果用氯酸钾制氧气，能否用高锰酸钾的装置？有不同之处吗？

问题5：如果用过氧化氢制氧气，能否用高锰酸钾的装置？为什么？

问题6：在三种实验室制氧气的反应原理中，你认为最适宜在实验室制氧气的是哪一种药品？为什么？

【多元评价】

自我评价	同伴评价	小组长评价	课代表评价	任课教师评价

成功案例：北京市东铁营一中积极创建学本课堂，培育学生核心素养，提高学生学业水平，下面案例是初中数学组李鹏老师、物理组崔雪飞老师开发和设计的《问题解决评价单》，在基

于发展核心素养的学本课堂中有效提升了学生的学业水平。

《平方差公式》问题解决评价单

设计人：李鹏　　　审核人：______　　　序　号：______

班　级：______　　　姓　名：______　　　组　名：______

【学生生成问题】

【教师预设问题】

问题 1：如何正确识别平方差公式中的 a 和 b。

例：下列多项式乘法中，能用平方差公式计算的是（　　）

(1) $(x+1)(1+x)$

(2) $(a+b)(b-a)$

(3) $(-a+b)(a-b)$

(4) $(x^2-y)(x+y^2)$

(5) $(-a-b)(a-b)$

(6) $(c^2-d^2)(d^2+c^2)$

(7) $(x+y+1)(x-y-1)$

问题 2：如何正确运用平方差公式？

例：下列各式的计算是否正确，如果不对，应怎样改正？

(1) $(x+2)(x-2)=x^2-2$

(2) $(-3a-2)(3a-2)=9a^2-4$

问题 3：运用平方差公式要注意什么？

（1）$(a+3b)(a-3b)$

（2）$(3+2a)(-3+2a)$

（3）$(-0.3x+y)(y+0.3x)$

（4）$(-\frac{1}{2}a-b)(\frac{1}{2}a-b)$

问题 4：如何综合运用平方差公式？

（1）$(y+3)(y-3)-(y-1)(y+5)$

（2）$(x-1)(x+1)(x^2+1)$

【我的问题】

【多元评价】

自我评价	同伴评价	学科长评价	小组长评价	学术助理评价

《磁生电》问题解决评价单

初三年级物理组　设计人：崔雪飞　审核人：崔雪飞

班　级：______　组　名：______　姓　名：______

【学生生成问题】

【教师预设问题】

问题 1：某同学想要探究磁生电的条件，如图组装电路，当他使导线 ab 沿水平方向运动时，发现电流表指针几乎不偏转，他检查电路并没有发现故障，你认为出现这种情况的原因是什么？有什么方法验证？

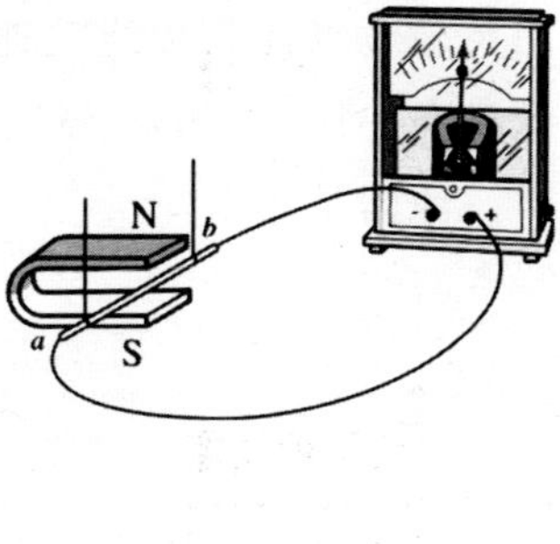

问题 2：观察发电机的结构，说明发电机的工作原理是什么？

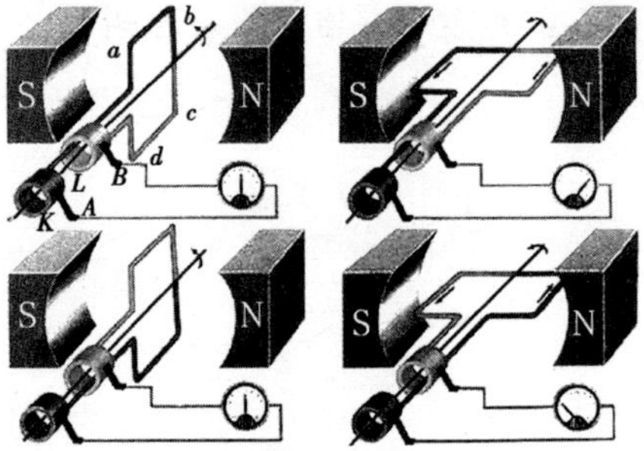

交流发电机工作原理

本幅是发电机的整个工作过程的分解图。

图上 a，b，c，d 为线框，A，B 为电刷，L，K 为铜滑环。

（1）当线圈在前半周转动时，电流表指针发生________，表明电路中产生了________；

（2）当线圈在后半周转动时，切割磁感线方向与前半周切割的方向________，电流表指针偏转方向也________，因此发电机所产生的电流是交流电。

问题 3：如图所示，小明和小华将一根较长软电线的两端与高灵敏电流计两接线柱连接，拿着电线的两处，站在东西方向，像跳绳一样在空中不停地摇动，观察到灵敏电流计的指针发生偏转。原因是什么？

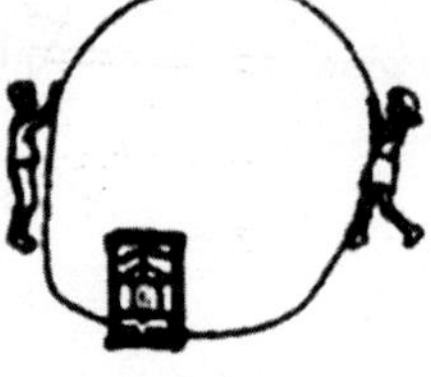

问题 4：阅读教材 141 页的材料，回答以下几个问题：

（1）磁带上的什么物质记录了声音、图像等信息？

（2）录音机在把声信号变成磁信号的过程中，要先把声信号变成什么信号？

（3）录音机怎样把磁信号变成声信号？

问题 5：动圈式话筒的结构如图，它工作时：①线圈运动能产生随着声音的变化而变化的电流；②与膜片相连的线圈随之一起振动；③人唱歌或说话产生的声音使膜片振动；④变化的电流经过放大后，由扬声器还原为声音。关于它的原理，正确的排序是________________________________？

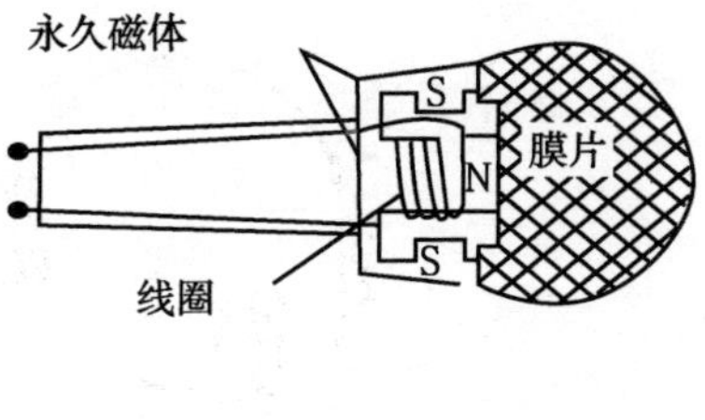

图(a) 动圈式话筒

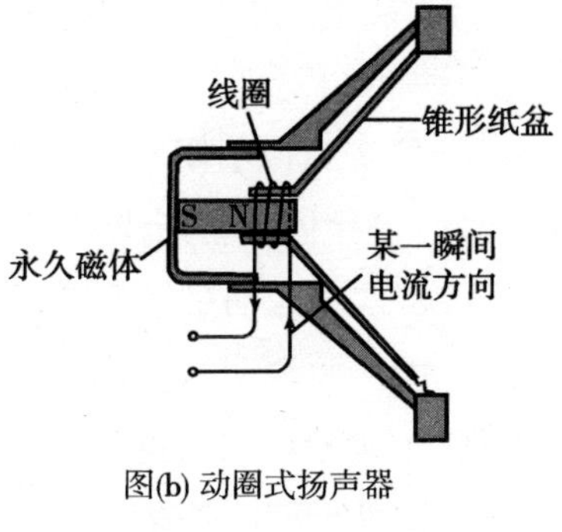

图(b) 动圈式扬声器

【多元评价】

自我评价	同伴评价	学科长评价	小组长评价	学术助理评价

《磁生电》问题训练评价单

初三年级物理组　　设计人：崔雪飞　　审核人：崔雪飞

班　级：______　　组　名：______　　姓　名：______

【问题训练】

1. 下列做法中，能够得到感应电流的是（　　）。

A. 导体在磁场中做切割磁感线的运动

B. 闭合电路一部分导体在磁场中运动

C. 闭合电路的一部分导体在磁场中做切割磁感线的运动

D. 导体的一部分在磁场中做切割磁感线的运动

2. 如图所示，甲、乙、丙、丁是四幅实验装置图，下列说法中正确的是（　　）。

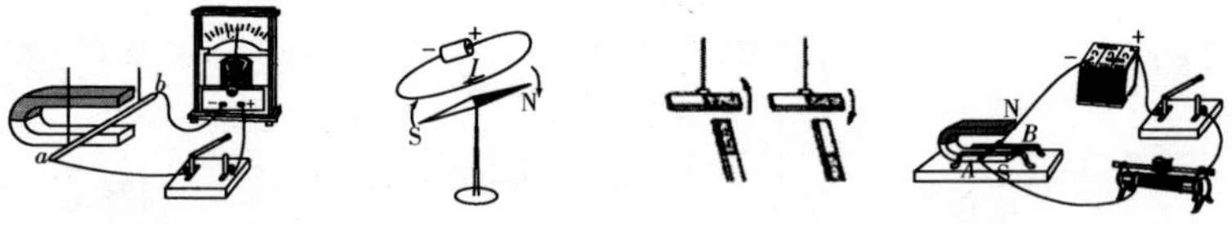

甲　　乙　　丙　　丁

A. 甲实验说明闭合电路的一部分导体在磁场中做切割磁感线运动时，导体中就产生电流

B. 乙实验说明磁场能产生电流

C. 丙实验说明同名磁极相吸，异名磁极相斥

D. 丁实验说明通电直导线在磁场中受到力

3. 如图所示，a 表示垂直于纸面的一根导线，它是闭合电路

的一部分。它在磁场中按箭头方向运动时，不会产生感应电流的是（　　）。

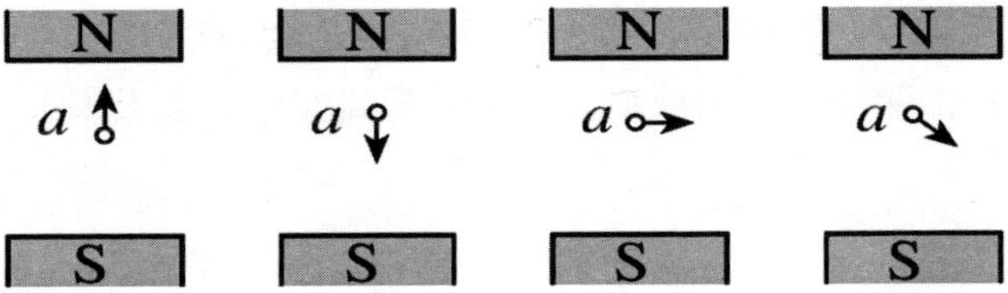

【多元评价】

自我评价	同伴评价	学科长评价	小组长评价	学术助理评价

成功案例：北京市东铁营一中积极创建学本课堂，培育学生核心素养，提高学生学业水平，这是高中生物组王莹老师开发和设计的《问题解决评价单》，在基于发展核心素养的学本课堂中有效提升了学生的学业水平。

《物质跨膜运输的实例》问题解决评价单

高二年级生物组　设计人：______　审核人：______

班　级：______　组　名：______　姓　名：______

【学生生成的问题】

【教师生成的问题】

问题 1：结合教材 60 页的“问题探讨”，回答下列问题并总结渗透作用的方向和发生条件。

（1）①漏斗管内的液面为什么会升高？液面会无限上升吗？

②对照实验：如果烧杯中放入高浓度的蔗糖溶液，而漏斗内放入清水，其他条件不变。结果：________

根据上面两个问题，总结渗透作用的方向：________。

（2）①对照实验：如果用一层纱布代替玻璃纸（半透膜），其他条件不变。漏斗管内的液面还会升高吗？________

②对照实验：如果烧杯和漏斗中均为质量浓度为 30% 的蔗糖溶液，其他条件不变。结果会怎样？________

根据上面两个问题，总结渗透作用发生的条件：

a. ________________________________

b. ________________________________

（3）①如果初始时漏斗内外溶液的浓度差为 A，达到平衡时漏斗内外的溶液高度差为 B，那么 A 与 B 有什么关系？________

②达到平衡时漏斗内外溶液浓度是否相等？________

问题2：结合第61至63页内容，回答下面问题：

（1）结合第61页图4-2，说明成熟植物细胞有什么显著特征？________

（2）依据本部分文本及第63页图4-3，参考相关资料回答下列问题。

①使洋葱鳞片叶细胞处于0.3g/ml的蔗糖溶液中，质壁分离前后有哪些变化？

现象 外界溶液	中央液泡大小	中央液泡颜色	原生质层位置	细胞大小
0.3g/ml 蔗糖溶液				

②结合第63页文字，试总结植物细胞质壁分离的原因。

③质壁分离后的细胞均能发生复原吗？质壁分离复原需要有什么条件？

问题 3：依据教材 63—64 页的“资料分析”回答下列问题。

（1）水稻和番茄对无机盐的吸收量并不一样，这说明了什么？

（2）水稻培养液中的 Ca^{2+}、Mg^{2+} 浓度比初始浓度高，是否说明水稻生命活动不需要吸收这两种离子反而不断向外界分泌？
总结：吸收水分和吸收矿质离子是两个________的过程。

（3）甲状腺细胞内的碘浓度比外界高很多，但甲状腺细胞仍能从外界吸收碘，说明什么？

问题 4：完成以下选择题

（1）下列各项中，属于植物细胞发生质壁分离的原因的一组是(　　)。

①外界溶液浓度小于细胞液浓度

②细胞液浓度小于外界溶液浓度

③细胞壁的伸缩性大于原生质层的伸缩性

④原生质层的伸缩性大于细胞壁的伸缩性

A. ②④　　B. ①④　　C. ②③　　D. ③④

（2）苋菜不管用清水怎么洗，清水仍不见红色物质，但若放入沸水中一烫，水立刻变成红色。这种现象是因为（　　）。

A. 在清水中没有物质出入

B. 在清水中细胞膜没有选择透过性

C. 沸水中色素分解成小分子物质

D. 沸水使细胞膜失去选择透过性

问题 5：“为什么吸收水分和吸收矿质离子是两个相对独立的过程”？

【多元评价】

自我评价	小组长评价	学科长评价	学术助理评价

《直线、射线、线段》问题解决评价单

设计人：赵晓庆　　审核人：吕新哲　　序　号：1-1-2

班　级：______　　组　名：______　　姓　名：______

【教师预设问题】

问题1：建筑工人在砌墙时会在墙的两头分别固定两枚钉子，然后在两枚钉子之间拉一条绳子，定出一条直的参照线，这样砌出的墙就是直的。

（1）请尝试说出其中蕴含的数学原理。

（2）你还能列举出生活中应用这一数学原理的例子吗？

问题 2：A，B 是两个村庄，若要在河边上修建一个水泵站往两村输水，问水泵站应修在河边的什么位置，才能使铺设的管道最短，并说明理由。

问题 3：已知平面内的四个点 A，B，C，D，过其中任意两点画直线，可以画出几条？

问题 4：2008 年 12 月“杭州—北京南”的区间动车组 D310 开通以来，沿途设有嘉兴南、昆山南、苏州东、无锡、常州、镇江 6 个停靠站。假如动车 D310 只在这 8 个车站停靠，在这段线路上往返行车，需印制几种车票？（每种车票上都要印出上车站与下车站）

【多元评价】

自我评价	同伴评价	小组长评价	课代表评价	任课教师评价

《直线、射线、线段》问题训练评价单

设计人：赵晓庆　　审核人：吕新哲　　序号：1－1－2

班　级：______　　组名：______　　姓　名：______

【水平训练】

问题1：要把木条固定在墙上至少要钉________个钉子，这是因为________。

问题2：经过一点的直线有________条；经过两点的直线有________条，并且________一条；经过三点的直线________存在，如点 C 不在经过 A，B 两点的直线 AB 上，那么________经过 A，B，C 三点的直线。

问题3：如图，点 O 在线段 AB ________；点 B 在射线 AB ________；点 A 是线段 AB 的一个________。

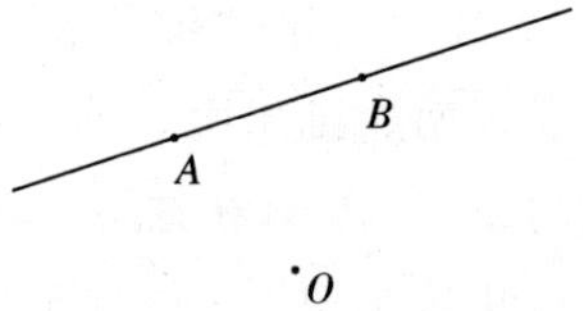

问题4：如图所示，有直线、射线和线段，根据图中的特征判断其中能相交的是（　　）

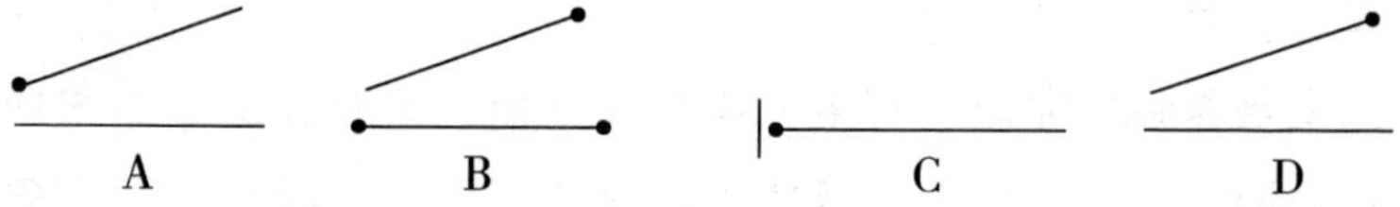

问题 5：下列说法中正确的有（　　）

①钢笔可看作线段；

②探照灯光线可看作射线；

③笔直的高速公路可看作一条直线；

④电线杆可看作线段。

A. 1 个　　B. 2 个　　C. 3 个　　D. 4 个

【多元评价】

自我评价	同伴评价	小组长评价	课代表评价	任课教师评价

（二）关于如何使用《水平训练评价单》，提出以下建议：

《水平训练评价单》是在课中训练时所使用的一个限时训练的工具单，目的是巩固知识技能，培养学生的工具训练能力，也是在一定程度上也是培养考试训练能力。

一是学科教师要根据需要来使用《水平训练评价单》，这个单子不是常态单子，而是一个机动单。需要则用，如果不需要则可以不用。

二是如果使用《水平训练评价单》，一定要注意工具训练三要素：单位时间、自主完成和自我评价。让学生提高单位时间内做题的速度，做到高投入，限时完成，确保质量。不能让学生养成拖拉、慢慢腾腾的坏习惯。

三是培养独立完成、自主完成的好习惯，切莫让学生东张西望和抄袭同学答案，培养诚信意识，为长大成人后做一个诚实守信、有社会担当的优秀公民奠定基础。

四是培养自我评价意识，让每一个学生对自己做过的试题都进行正误性评价，到底做对没有？出错在哪里？这样有利于培养学生的自我评价能力。通过自我评价保障课中学业成绩，提高学业水平，巩固课堂学习效果。

成功案例 1：山西省祁县昌源小学积极践行“课堂革命”，发展学生核心素养，关注学生学业水平，这是六年级语文组开发和使用的《水平训练评价单》。

《怀念母亲》水平训练评价单

设计人：王莲萍　　审核人：______　　时　间：______

班　级：______　　姓　名：______

【水平训练】

一、看拼音，写词语。(12 分)

zhēn zhì（　　）　méng lóng（　　）　bì miǎn（　　）

qī liáng（　　）　pín fán（　　）　qiáng liè（　　）

二、火眼金睛改错字。(14 分)

思朝起伏（　　）　可见一班（　　）

凭来人梦（　　）　账望灰天（　　）

对这两位母亲的怀念，一直半随我渡过了在欧州的十一年。（　　）（　　）（　　）

三、句子加工。(15 分)

1.《怀念母亲》这篇文章的作者是季羡林先生写的。(修改病句)

____

2. 身在异国他乡的我一次又一次地想起自己长眠于故乡地下

的母亲。(缩写句子)

____

3. 我想到故乡，故乡的老朋友，心里有点酸酸的，有点凄凉。(改为反问句)

____

四、内容梳理（课文回放）。(24 分)

《怀念母亲》的作者是________，他在北京大学里被称为“________”。课文以________的形式，介绍了作者对两位母亲：一位是________，一位是________“同样崇高的敬意和同样真挚的爱慕”，充分表达了作者对亲生母亲________，对祖国母亲________。我们还学过他的文章《________》。

五、理解感悟（文章阅读）。(35 分)

我六岁离开我的生母，到城里去住。中间曾（　　）回故乡两次，都是奔丧（　　），只在母亲身边待（　　）了几天，仍然回到城里。在我读大学二年级的时候，母亲弃养，只活了四十多岁。我痛苦了几天，食不下咽（　　），寝不安席。我真想随母亲于地下。我的愿望没能实现，从此我就成了没有母亲的孤儿。一个缺少母爱的孩子，是灵魂不全的人。我怀着不全的灵魂，抱终天之恨。一想到母亲，就泪流不止，数（　　）十年如一日。

1. 文段出自课文《________》，作者________。(4 分)

2. 在文中括号内给加点的字注音。(10 分)

3.“寝不安席”是什么意思？(5 分)

4. 作者说“我的愿望没能实现”，“我的愿望”是指（　　）（5 分）

（1）作者想以死伴随母亲于地下的愿望。

（2）作者赡养母亲的愿望。

（3）作者希望母亲存活于世的愿望。

5. 你怎样理解“一个缺少母爱的孩子，是灵魂不全的人。”这句话？（5 分）

____

6. 朗读这一段时，应该带着________和________的情感去读。（6 分）

【多元评价】

自我评价	同伴评价	学科长评价	小组长评价	学术助理评价

成功案例 2：四川省成都市 43 中学积极推动课堂教学改革，发展学生核心素养，提高学生学业水平，这是化学组教师开发和使用的《水平训练评价单》。

《3－2－1 原子的构成及核外电子的排布》水平训练评价单

设计人：______　　审核人：______　　时　间：______

班　级：______　　姓　名：______

【水平训练】

1. 月球土壤中含有较丰富的氦（He），其原子核内质子数为 2，中子数为 1，则氦原子的核外电子数为（　　）

A. 1　　B. 2

C. 3　　D. 4

2. 下列关于原子的叙述错误的是（　　）

A. 原子呈电中性

B. 原子是实心球体

C. 原子由原子核与核外电子构成

D. 原子可以构成分子

3. 原子结构示意图可简明、方便地表示原子结构。如右图中：

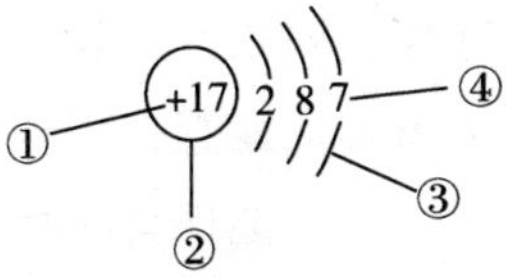

①表示________，②表示________，③表示________，④表示电子层上的________。

4. 下列有关镁原子结构示意图 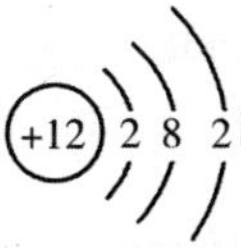

的说法中，错误的是（　　）

A. 表示镁的原子核内有 12 个质子

B. 弧线表示电子层，共有 3 个电子层

C. 数字 8 表示第二电子层上有 8 个电子

D. 镁原子核外电子数为 2

5. 溴的原子结构示意图如右图所示，试回答：

(1) X 的值为________。溴属于________（填“金属”或“非金属”）元素；

(2) 下图所示的粒子中，具有相对稳定结构的是________，与溴元素的化学性质相似的是________（填序号）。由此可知，元素的化学性质主要与元素原子的________关系密切。

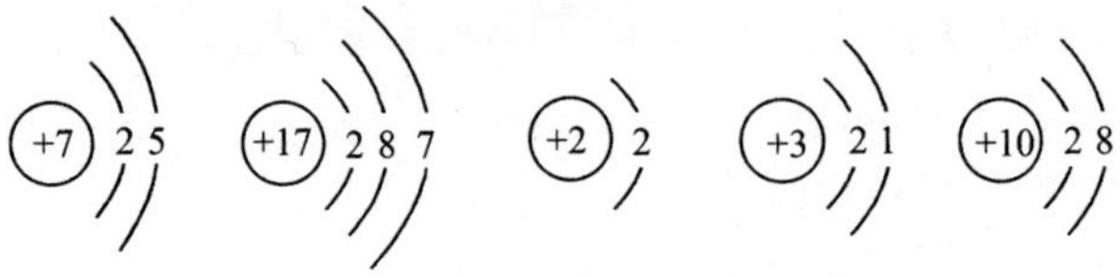

A　　B　　C　　D　　E

6. 在分子、原子、原子核、质子、中子、电子等粒子中找出符合下列条件的粒子填空。

（1）能直接构成纯净物的是________、________；

（2）能保持物质化学性质的是________；

（3）化学变化中最小的粒子是________；

（4）带负电荷的是________；

（5）带正电荷的是________、________；

（6）不显电性的是________、________、________；

（7）质量与氢原子质量大约相等的是________、________；

（8）在同一原子中数目相等的是________、________；

（9）氢原子中不含有的是________。

【多元评价】

自我评价	同伴评价	学科长评价	小组长评价	学术助理评价

成功案例 3：北京市东铁营一中高中部积极推动课堂教学改革，创建学本课堂，发展学生核心素养，提高学生学业水平，下面是高中政治组郭文海教师开发和使用的《水平训练评价单》。

《百舸争流的思想》水平训练评价单

高二年级思想政治组　设计人：郭文海　审核人：______

班　级：______　组　名：______　姓　名：______

【水平训练】

一、选择题（每小题给出的四个选项中，只有一项最符合题意）

1. 下列对于哲学的基本问题的描述，正确的是（　　）。

①它是人们在生活和实践活动中遇到的和无法回避的基本问题

②它是一切哲学都不能回避的必须回答的问题

③它贯穿于哲学发展的始终

④只要不学哲学就可以不回答

A. ②③④　　B. ①②④　　C. ①③④　　D. ①②③

2. 哲学的基本问题和哲学的两大基本阵营分别是（　　）。

A. 思维和存在的关系问题——唯物主义和唯心主义

B. 思维和存在何为本原的问题——唯物主义和唯心主义

C. 思维和存在的关系问题——辩证唯物主义和机械唯物主义

D. 思维和存在有没有同一性的问题——可知论和不可知论

3. 划分唯物主义和唯心主义的唯一标准在于是否承认（　　）。

A. 世界是普遍联系和变化发展的

B. 世界是统一的

C. 在思维和存在的关系中存在是第一性的

D. 世界是可知的

4. 对哲学基本问题第二个方面的不同回答是划分（　　）。

A. 唯物主义和唯心主义的标准

B. 可知论和不可知论的标准

C. 辩证法和形而上学的标准

D. 反映论和先验论的标准

5. 肯定思维和存在具有同一性，这种观点是（　　）。

A. 辩证法　　B. 形而上学　C. 唯心主义　D. 可知论

6. 在古代欧洲，有过这样一首诗：那时候，上面的青天还没有称呼，下面的大地也没有名字，其阿玛诗（即海洋）是大家的生母，万物都和水联系在一起。这首诗体现的是（　　）。

A. 朴素唯物主义观点　　　　B. 形而上学唯物主义观点

C. 辩证唯物主义观点　　　　D. 客观唯心主义观点

7. 范缜："神之于质，犹利之于刃；形之于用，犹刃之于利。利之名非刃也，刃之名非利也，然而舍利无刃，舍刃无利。未闻刃没而利存，岂容形亡而神在?"这属于（　　）。

A. 唯物主义观点　　　　B. 唯心主义观点

C. 形而上学观点　　　　D. 不可知论

8. 近代形而上学唯物主义（　　）。

①坚持了唯物主义的根本方向，在本质上是正确的

②把物质归结为水、火、气、土等具体的物质形态

③在历史观上是唯心主义

④缺少辩证法思想，具有机械性

A. ①②　　B. ①④　　C. ①②③　　D. ①③④

9. 埃及的胡夫金字塔有一段令人生畏的铭文："不论是谁骚扰了法老的安宁，死神之翼将在他头上降临。"这段令人生畏的铭文从哲学上看属于（　　）。

A. 古代朴素唯物主义　　　　B. 近代机械唯物主义

C. 主观唯心主义　　　　D. 客观唯心主义

10. 托马斯·阿奎那说："凡事物运动，总是受其他事物推动……最后追到有一个不受其他事物推动的第一推动者，这是必然的。每个人都知道，这个第一推动者就是上帝。"这一观点属于（　　）。

A. 主观唯心主义　　B. 客观唯心主义

C. 朴素唯物主义　　D. 机械唯物主义

11. 有一首英语儿歌唱到："告诉我为什么星辰闪耀，告诉我为什么常春藤缠绕……因为上帝创造星辰闪耀，因为上帝创造常春藤缠绕……"美国一位著名科普作家这样改动了歌词："核聚变让星辰闪耀，向性运动让常春藤缠绕……"这一改动反映了（　　）。

①唯物主义和唯心主义的区别

②直接联系和间接联系的区别

③科学精神和宗教精神的区别

④可知论与不可知论的区别

A. ①③　　B. ②④　　C. ②③　　D. ①④

12. "我看到苹果的颜色和形状，嗅到它的气味，摸到它的光滑，尝到它的滋味，就形成了对苹果的认识，所以苹果的存在就是我的感觉的相加。"这种观点属于（　　）。

A. 客观唯心主义　　B. 主观唯心主义

C. 形而上学唯物主义　　D. 辩证唯物主义

13. 下列选项与"我思故我在"观点相一致的是（　　）。

A. 未有这事，先有这理　　B. 吾心即宇宙，宇宙即吾心

C. 死生有命，富贵在天　　D. 世界的本质是"绝对精神"

14. 古希腊哲学家泰勒斯提出"水是万物的始基。"中国春秋时代《管子》一书中指出"水者，何也？万物之本原也。"他们

的观点属于（　　）。

A. 唯心主义的观点　　B. 科学的物质观

C. 辩证唯物主义观　　D. 朴素唯物主义物质观

15. 辨析题：凡是唯物主义都是正确的，凡是唯心主义都是错误的。

【多元评价】

自我评价	同伴评价	学科长评价	小组长评价	学术助理评价

第四章

基于核心素养的回归拓展学习与学业评价

本章主要写课后各学科教师如何引导学生开展基于核心素养的回归探究学习和开展学业评价活动。具体包括三个方面：一是写学生在课后开展基于发展核心素养的回归探究学习过程中倡导什么样的回归拓展探究学习理念，将遵循什么样的回归拓展探究学习原则；二是写学生在课后回归拓展探究学习过程中教师如何开展促进多元发展为目标的回归拓展学习，并在回归拓展学习过程中如何将核心素养的18个基本点与文本学习实现有效对接的；三是写学科教师如何在课后回归拓展学习过程中以《目标达成评价单》为抓手开展学业水平评价，具体是指学生个体如何自主完成《目标达成评价单》，并在课中由学生小组、全班完成多元评价。

一、基于发展核心素养的回归拓展学习理念和原则

课后回归拓展是培养学生核心素养的主要环节和重要阶段，是学业水平得到巩固提高的保障阶段。在以往的教本课堂视野下，我们更多地关注课中教学环节，有的优秀教师还能兼顾课前备课环节，绝大多数教师都忽视了课后拓展环节，误认为课后拓展主要是做作业、做卷子等。久而久之，养成了单一拓展、简单拓展、机械拓展的思维和行为。于是，在不知不觉中影响了学业水平的提升和保障，也忽略了学生课后核心素养的培育和发展。如何在客户拓展中既能提高学业水平，又能培养学生核心素养？这一问题也是摆在我们广大一线学科教师面前的现实问题，急需我们探索和解决。下面针对在课后有效学习过程中，我们将体现什么样的回归拓展学习理念和遵循什么样的回归拓展原则做具体的阐述。

（一）回归拓展学习理念

回归拓展中的“回归”是指从第一单元学习到第 n 单元后，又回到第一单元的重复式、涵盖式复习；其中“拓展”是指以某一知识点、某一节知识内容、某一单元知识体系为主要内容进行内容延展式、能力训练式、思维发展式复习。

在基于发展核心素养的有效学习视野下，我们学科教师要挑战思维，告别传统的复习观念，要由单一复习思维走向多元拓展

思维，由简单机械训练思维走向高级训练思维，由知识复习思维走向能力建构思维。在这个有效学习过程中，我们要强调学生的自主性回归拓展有效学习、团队化回归拓展有效学习、多元化回归拓展有效学习和个性化回归拓展有效学习。学科教师在课后拓展环节要充分体现自主性、团队化、多元化、个性化回归拓展学习理念，使学生的核心素养得到进一步培养，学生的学业水平得到进一步提高。

1. 自主性回归拓展学习理念

自主性理念属于第一要素理念，对学生而言，学习活动的主体就是学生本人，如果学生主体不积极主动学习，那么其他人也无能为力了。如果学生主体主动、积极、努力学习，他就会像充了电的车一样飞速地跑起来。所以，我们学科教师要激发学生回归拓展学习的兴趣，提升自主回归拓展复习的认识，引导学生主动、自觉地开展回归拓展学习活动。给每一位学生都加好油、充好电，让学生自觉主动地回归拓展学习。在自主回归拓展学习中寻找自主复习的成功快乐和愉悦，学科教师要培养学生的自主性意识，强化自主性回归拓展学习理念，在课后或单元学习后主动开展自主性回归拓展学习活动。

2. 团队化回归拓展学习理念

俗话说：个人优秀不是辉煌，团队优秀才是辉煌。个体学习实现个体成功，团队学习实现团队成功。团队学习比个体学习有一定的优势，个体学习是自主独立的学习活动，是“独学无友”式学习。而团队学习是一种合作学习，团队成员可以相互帮助、相互指导、相互促进，相互取长补短，既能提高单位时间学习效率，又能形成团队学习的良好氛围；既能培养学生团队合作学习能力，又能提高学生自主独立学习能力。尤其在复习阶段开展团队化回归拓展学习具有特殊意义，因为学生所复习的内容都是已经学过的知识，一般能力已经形成。在回归拓展学习阶段，学生团队在一般能力基础上开展提高性团队拓展学习，培养知识拓展学习能力。学科教师要引导学生走向团队化回归拓展学习，让学生以团队形式开展回归拓展学习，提高学习效率和质量。

3. 多元化回归拓展学习理念

在教本教学视野下，在复习阶段，我们部分学科教师主要是组织学生开展大量做题训练，认为大量做题才是唯一的拓展复习的主要内容和途径，其他的方式和方法基本上都不理、不信、不用。大量做题的拓展方式会有一定的效果，对应付考试也是有一定的积极意义。但是，在新高考背景下，基于发展核心素养的有效学习过程中，我们的学科教师既要关注学生的学业水平，又要关注学生核心素养的培育和发展。所以，我们学科教师要倡导多元化回归拓展学习理念，组织学生开展多元化的拓展学习活动，采用“纳、练、思、展、问、演”六字[①]诀进行拓展学习。具体含义如下：

纳——多元归纳。指多元化归纳，包括八种基本归纳方法，如括弧法、表格法、表框法、拼图法、云朵法、坐标法、树状法、脑图法。教师要指导学生逐步学会八种归纳法。首先我们的骨干教师要自己学会，然后将这些方法教给学生。在我们新课程有效教学实验学校，做过多次试验和探索，学生都非常感兴趣，喜欢这种多元归纳学习。并且，都有创造性的发现和拓展。

① 韩立福. 韩立福：有效教学法［M］. 北京：首都师范大学出版社，2012.

练——命题练习。指学生自我练习、合作练习，给小组或班级设计练习题，供同学们训练使用。我们过去的复习，往往都是教师指定教辅材料，学生按指定教辅进行复习，主要是做题。这些都属于被动复习，是让“教辅牵着鼻子走”。这里所说的“练”的策略，是指教师要鼓励学生进行自主编题训练、小组编题训练。说到这里，请老师们千万要相信学生，只要您让他们使用本策略，学生们不但会有兴趣，而且能编出高质量的习题。

思——问题思考。指学生根据所学内容来设计思考题，供其他同学思考和讨论探究。学科教师要指导学生学会提出问题，提出思考题，给自己提出问题，给小组提出思考题。

展——作品展示。指学生或小组展示回归复习的成果或作品，以多元化方式展现，供同学们分享。学科教师要指导学生结合学科特点和学科知识内容制作。这个学生制作作品的过程就是知识内化的过程，也是知识迁移成能力的过程。要鼓励学生多元化地制作作品。

问——质疑交流。指学生之间或小组之间提出问题，相互咨询、相互质疑和交流评价，迅速解决。学科教师要指导学生在回归拓展阶段相互质疑和交流，把知识理解透彻，把问题解决彻底。

演——多元表演。指学生或小组把学过的内容，以艺术化的形式表演出来，不局限在小品、演唱和课本剧，可以扩大表演学习范围。学科教师要指导学生结合学科内容和特点进行多元化表演，如英语学科复习，可以把对话内容表演出来，语文学科、历史学科内容复习也可以根据内容特点进行表演。通过表演拓展复习，使知识得以内化，使知识迅速转化为能力。

在回归复习阶段，学科教师不仅要指导学生开展做题训练，还要让学生学会多元化回归拓展学习。多元化回归拓展学习不仅能提高学生的学业水平成绩，还能发展学生的核心素养。

4. 个性化回归拓展学习理念

每个人都有自己独特的学习方式和生存方式，在获取知识方面有个性化方式，同样，在复习阶段也要有自己的个性化方式。个性化是独特的、有效的、快捷的。我们学科教师要尊重学生的差异和特点，不要按统一化的标准要求所有学生，要引导学生在掌握多元拓展方法的基础上选择和总结自己的回归复习方法，要用最适合的方法开展最有效的回归复习。培养独特的属于自己的回归拓展方式和能力，开展个性化的回归拓展学习，全面提高回归拓展学习质量。

（二）回归拓展学习原则

如何在回归拓展学习环节提高回归复习质量和效率呢？需要我们大家共同来关注。下面就学科教师应遵循哪些原则才能更好地提高复习质量和效率，做如下阐述。

1. 自主回归与自觉回归相结合原则

在课后有效学习阶段，自主回归复习是最主要的方式和途径。学科教师要指导学生开展自主回归学习，同时要调动学生自觉回归复习的积极性、主动性和能动性。让每一名学生都遵循自主回归和自觉回归相结合的原则，引导学生自主自觉地回归复习，让学生心甘情愿地、发自内心地去主动回归学习。而不是靠教师或家长强迫和压制。一个学生只有做到自主回归和自觉回归，才能提高回归复习效率，取得事半功倍的效果。所以，每位学科教师一定要引导学生遵循自主回归和自觉回归相结合原则，使学生做到自主自觉的开展回归拓展复习。

2. 个体回归与小组回归相结合原则

在基于核心素养的有效学习视野下，学生个体回归复习是一种主要的回归复习的方式，提倡小组回归复习更是一种新的回归复习方式。小组回归复习是指以一个小组为单位开展回归复习活动，这种方式不仅能够提高小组成员的复习效率，而且能够缩小成员之间的差异。我们在提倡自主回归复习的同时，不要提倡单打独斗式，尽可能让同学们开展小组回归复习。所以，我们一线的学科教师要指导学生遵循个体回归复习和小组回归复习相结合原则，在课后复习实践中，让学生做到个体回归复习和小组回归复习相结合，做到同步回归拓展。这样才能保证回归拓展复习质量。

3. 单元回归与整体回归相结合原则

在基于核心素养的有效学习视野下，单元回归复习是大家最熟悉的复习方式，但是这里的单元回归有新的含义：是指回到原点的多次涵盖式复习。假如三个单元，当第一个单元学习结束后，学生自觉地回归复习本单元一次；当学完第二个单元后，学生自觉地回归复习本单元一次，同时涵盖一、二单元复习二次；当学完第三个单元后，学生自觉地回归复习本单元一次，同时涵盖二、三单元复习二次，再同时涵盖一、二、三单元复习三次。教师要组织学生进行单元回归复习，回归复习就是回到原点的复习，当学完后面一个单元进行复习时，不仅要把本单元复习一次，而且要涵盖前面的单元内容再组织回到原点的涵盖式复习。用图示来表示如下：

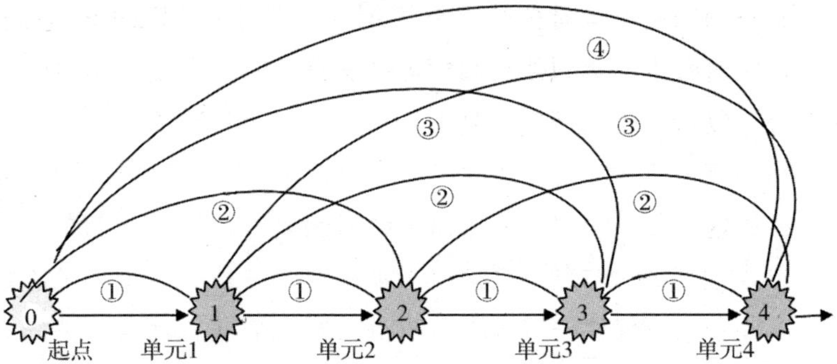

这个回归与以前的单元复习，有以下几点区别：

一是过去单元复习是以知识训练为主的复习，而单元回归复习是以问题解决为主线的复习；

二是过去单元复习是直线型复习，而单元回归复习是回到原点的涵盖型复习；

三是过去单元复习是基于课堂教师讲授知识靠自己理解为基础的记忆复习，而单元回归复习是基于课前自主结构预习、课内师生对话理解建构知识为基础的评价复习；

四是过去单元复习是被动机械型复习，而单元回归复习是主动分享型复习。

在使用单元回归方法时，教师最担心的问题是课时问题，回归复习的课时要在学期初的课时计划安排时提前做结构化设计，当到第三、第四单元复习时将②和③次、③和④次合并起来进行，没有必要到第四单元进行 4 个或 5 个课时的回归复习。本策略的最大好处就是学生不仅能够多重建构单元知识重点，还能抓住单元关键问题，促使学生将知识和问题有效融合起来，能够直接提升学生分析问题、解决问题的能力。

整体回归是指全册教材学完以后要进行从头到尾的整体性复习，也是对整本书知识体系和内容结构开展系统化复习。这是在单元回归复习基础上开展的复习活动。学科教师要指导学生树立整体回归复习意识，让学生学会单元回归复习和整体回归复习，认真遵循这一原则，全面提高科学复习质量。

4. 团队回归与特色回归相结合原则

在基于核心素养的有效学习视野下，团队学习是一种先进的、有效的回归复习方式，体现合作精神。一个小组在组长的带领下开展团队学习、团队复习，会使一个团队的复习效率和效果大幅提升。特色回归是指学生个性化回归复习，并在学生自主个性化回归复习过程中形成自己的复习特色、复习模式，使自己的某一方面、某一学科复习得到显著提升，实现特色发展。学科教师在指导学生开展复习时一定要做到团队回归与特色回归相结合，让全班同学、各个校组同学能够开展团队回归复习，同时要指引每个学生根据自身的身心发展规律和特点，开展个性化回归复习，形成鲜明的、有效率的个性化复习特色。最后，实现既要建设“森林”，又要培育“参天大树”的目标。所以，一线学科教师要积极指导学生遵循团队回归与特色回归相结合原则，全面提高课后团队的复习质量。

二、基于促进多元发展为目标的回归拓展学习方法

思路清晰、方向明确是事业成功的关键和基础，如果我们能够掌握科学的方法和技术，就能事半功倍，也可能创造奇迹。哲学家培根曾说过：“方法的知识是最重要的知识”。这句名言对我

们中国的传统教师很有借鉴意义，因为我们过去过分强调知识讲授，忽视了方法的指导和能力的培养。在基于发展核心素养的背景下，谁能够掌握方法谁就能够成功。对于课后复习，我们要确定回归拓展复习的目标是指向促进多元发展、全面提高。要实现这个目标，就必须研究回归拓展方法，掌握回归拓展技术。只有掌握了回归拓展阶段的方法和技术，才能更好地培育和发展核心素养，才能更好地提高和保障学生学业水平。

（一）人文情趣型回归拓展法

人文情趣型回归拓展法是指学生在开展回归拓展复习时关注人文知识积淀、关注文本中的人文关怀、体悟审美情趣，从而丰富学生人文素养、提高审美水平、促进情感发展的一种回归拓展法。是指以培养人文情趣为情感目标对文本内容进行回归拓展的复习方法。这种回归拓展复习法适合于文科知识和人文基础比较明显的理科知识复习。简而言之，学科教师要指导学生在回归拓展复习时充分关注人文知识、人文情怀和人文情趣，形成人文素养。如语文学科，在组织学生课后复习《邓稼先》这篇课文时，语文教师要指导学生对“邓稼先先生有什么样的成长经历，取得了哪些伟大成就”这一问题进行关注，通过回归复习，对邓稼先这个人物形象进行深刻理解和把握。

如历史学科，历史教师在组织学生开展课后复习《辛亥革命》时，对“辛亥革命中的主要人物、事件、成就和意义有哪些”这个问题进行回归复习。历史教师要去引导学生对辛亥革命中的人物、事件形成个性化的理解和升华。通过采用人文情趣型回归拓展法的回归复习对人物形象、人物情感形成个性化理解和深刻升华。

如数学学科，数学教师在组织学生开展课后复习《圆的方程》时，对“圆的方程是如何构成的”“圆的方程有何现实意义”这两个问题进行回归复习，让学生在理解的基础上，深刻体会到知识美，激发对“圆的方程”的学习情趣。

如语文学科，语文教师在组织学生开展课后复习《散步》这篇课文时，对“父亲为什么选择那条路呢”这个问题进行回归复习，让学生体会“父亲”的人物形象美和价值所在，让学生从内心对这位“父亲”产生敬仰，激发学生对本知识点的学习兴趣。

（二）科学思维型回归拓展法

科学思维型回归拓展复习法是指以培养科学精神为素养目标对文本内容进行回归拓展的复习方法。这种回归拓展复习法适合于人文特点明显的文科知识和理科知识，对于文科中的结论性知识、议论文题材内容也比较适合。在使用这一回归拓展复习方法时，我们学科教师要引导学生学会理性思维，用质疑批判的眼光来看待事物、深刻反思，对文本上的结论性知识和结果要敢于质疑和勇于探究，着力培养学生的科学思维和探究精神。

从理性思维角度来看，在组织学生开展回归复习中，对理性分析的结果进行归纳和分析。如地理学科，地理教师在组织课后复习《地球公转和自转》时，对“地球的公转和自转有什么关系”这一问题，地理教师要引导学生在课后进行理性分析和归纳，培养学生的理性思维能力。

从批判质疑角度来看，在组织回归复习中，对曾批判和质疑的结果性知识进行归类和总结。①如物理学科，物理教师在组织学生开展课后复习《浮力定理》时，对“结合生活实际，探究浮力定理的科学性和合理性”这一问题，物理教师要引导学生在课后结合实际进行总结、质疑和探究，培养学生对物理知识的批判和质疑精神；②如小学数学，数学教师组织学生在课后复习“小数点”时，在课后引导学生对“为什么小数点左移变小、右移变大”这个结论进行质疑，探究其结论的合理性，培养学生对数学知识的批判和质疑精神。

从善于探究角度来看，在回归复习中对尚未解决的问题进行再一次探究。如科学学科，科学教师在组织学生开展回归复习《水蒸气》时，对“水加热为什么会产生水蒸气”这一问题，教师要引导学生进行课后进一步实验探究，引发学生深度思考，从而培养学生的探究精神。

（三）学会学习型回归拓展法

学会学习型回归拓展复习法是指以指向学会学习为发展目标对所学的文本内容进行的回归拓展复习法。这种回归拓展复习法适合于所有学科知识。在传统教学视野下，许多教师认为新知识的学习就是给学生硬塞课本知识，复习巩固就是大量做题，搞“题海战术”。为了培养学生学会有效拓展学习，学科教师要经常采用学会学习型回归拓展复习法，提高学生的回归拓展复习能力。在使用本方法时，学科教师要指导学生对所学文本知识进行深入思考，要勤于反思和不断总结提升，不断地从所学知识中获取各种新信息，通过思考式复习、反思式复习、总结式学习来达到深入理解、巩固提升的目的。

从乐学善思角度复习，学科教师要在组织学生回归复习中，采用学会学习型回归拓展复习法进一步体验课后拓展复习成功的快乐，对学过的知识能进行结构化思考和梳理归纳。如课后，教师要培养学生的多元归纳学习能力（例如括弧法、表格法、拼图法、表框法、云朵法、树状法、脑图法、坐标法[①]），回归评价学习能力，总结归纳、回归复习的方法和技巧，并通过课后归纳梳理、回归评价体验学习成功的快乐；尤其是通过梳理归纳使所学过的知识进一步结构化、系统化、体系化，实现知识迁移。

从勤于反思角度复习，学科教师在组织学生进行课后复习时，要指导学生思考“我还有什么不会”，学会反问自己。在课后对自己解决过的问题进行系统、深刻的反思，把反思结果写在“记事簿”或“问题集”上，以便进一步理解和提升。

从信息意识角度复习，学科教师在组织学生回归复习中对存在困惑的知识点要进行拓展性、开放性信息收集和加工。如语文学科，语文教师在课后组织学生复习《观云识天气》时，对“各种云彩与天气变化有何关系”这一问题，让学生在课后继续通过网络进行回归拓展学习，对课中依然困惑的知识点进行拓展性、开放性、多元化的信息收集和加工处理，从而，使课中问题、课后问题得到进一步解决，从而，使所学知识进一步得到内化、能力得到进一步提升。

（四）健康生活型回归拓展法

健康生活型回归拓展复习法是指以追求健康生活为生活目标对所学文本内容知识进行回归拓展的复习方法。这种回归拓展复习方法适合于人文学科知识、自然学科知识，如适合于初中生

---

① 韩立福．韩立福：有效教学法［M］．北京：首都师范大学出版社，2012．

物、化学、地理学科，小学科学课，以及语文课文中涉及写人物形象的内容。在使用本回归拓展复习方法时，学科教师要指导学生在文本回归复习中学会珍爱大自然中的各种各类生命，不断地从历史上伟大人物那里获取高贵品质，内化为自己的品格，逐步健全自己人格，提升学生情操和境界。学科教师要指导学生采用珍爱生命、健全人格、自我管理等方面进行回归拓展复习。

从珍爱生命角度复习，学科教师要指导学生将文本知识与生活实践相结合，在回归拓展复习中让学生尊重生命和珍爱生命。如生物学科，生物教师在课后复习《爱护植被 绿化祖国》时，教师要提出“为什么要爱护植被？怎样爱护植被”的问题，组织学生到社会实践中进行体验，在社会实践中体验“植被”存在的价值和意义，从而，让学生进一步尊重动植物生命，学会珍爱生命。

从健全人格角度复习，学科教师要指导学生使文本中人物的高贵品格能够内化于心灵，转化为行为，使学生人格在原有的基础上得到进一步完善。如语文学科，语文教师在课后复习《一夜的工作》时，要提出“周总理的伟大品格体现在哪些方面”的问题。教师引导学生围绕这个问题进行回归拓展，在总结、复习过程中，让学生进一步深刻体会周总理的伟大精神和高贵品格，引领学生向老一辈无产阶级革命家周总理学习，使学生人格得到完善。

从自我管理角度复习，学科教师要指导学生在课后学会使用学科文件夹，通过使用学科文件夹进行自我管理、科学管理。在课后，学科教师要细心指导学生学会对各种学习用具，对所完成的任务型作业、各类工具单进行自主管理，学会自我评价。包括各位学科教师也要学会采用学科文件夹管理。

（五）责任担当型回归拓展法

责任担当型回归拓展复习法是指以培养社会责任担当为做人准则对所学文本知识内容进行回归拓展的复习方法。这种复习方法适合于人文学科，如语文、政治、历史等学科教学，在使用拓展复习法时，学科教师要指导学生从社会责任、国家认同、国际理解三个角度进行思考和学习，从学过的历史事件、重要人物身上学会如何增强社会责任感，增强爱国热情，增强国际认同感，建立全球化的国际意识。所以，学科教师要在使用本拓展复习法时要从责任强化、感恩祖国、国际理解三个角度进行回归拓展复习。

从社会责任角度复习，学科教师要指导学生进一步深刻理解名人大师对社会责任的积极意义，引导学生能够在实践中敢于负责，将来成为一个富有社会责任的公民。如语文学科中，语文教师在组织学生课后开展回归复习《为人民服务》这篇课文时，教师要提出“张思德同志是一个什么样的人”这一问题。语文教师要引导学生课后围绕这一问题继续进行总结和反思，并结合身边熟悉的富有社会责任感的先进人物进行反思和总结、感悟和提升，从而引导学生将来成为一个富有社会责任的公民。

从国家认同角度复习，学科教师要指导学生在课后实践中拥护国家法律，遵守法规，成为一个热爱国家、热爱人民、热爱家庭、热爱父母的中国人。如语文学科，语文教师要在组织学生开展课后复习《文天祥过零丁洋》这一篇课文时，语文教师提出“文天祥是一个什么样的人”这一问题，组织学生围绕这个问题进行回归复习，让学生深刻理解文天祥的爱国情怀，从而，激发学生热爱国家的情怀，鼓励学生成长为一名热爱国家、热爱人民、热爱家庭、热爱父母的中国人。

从国际角度复习，学科教师要指导学生在课后能够拓展国际视野，在参与国际活动中成为遵守各国法律，自觉维护国家形象的国际人。如地理学科中，地理教师组织学生在课后开展回归复习《中国的位置》这一内容时，地理教师提出以下三个问题：Q1：我国的纬度位置和海陆位置的特点有哪些？Q2：如何用亚洲政区图来读图识图记忆？Q3：如何培养热爱祖国的情怀？地理教师组织学生围绕这三个问题进行回归拓展复习，通过对上述三个问题进行深入总结分析，拓展国际视野，引导学生成为遵守各国法律，自觉维护国家形象的国际人。

（六）实践创新型回归拓展法

实践创新型回归拓展法是指以培养实践创新能力为取向对所学文本知识内容进行回归拓展复习的一种复习方法。本复习方法适合于人文学科、自然学科的知识复习，学科教师要引导学生结合所学文本知识内容复习培养学生热爱劳动的意识，进一步培养发现问题、解决问题的能力，以及运用信息技术能力。在使用回归拓展复习法时，学科教师要指导学生从劳动意识、问题解决、信息技术三个方面进行回归拓展复习。

从劳动意识角度复习，学科教师要引导学生在课后实践中能够热爱劳动，成为热爱劳动的积极分子。如语文学科，语文教师组织学生在课后开展复习《把铁路修到拉萨去》这一篇课文时，语文教师要提出“铁路建设者在修建青藏铁路过程中遇到了哪些困难，是怎么克服的”这一问题，引导学生在课后围绕这一问题开展回归拓展复习，让学生进一步理解建设者们修建铁路的长远意义和重要价值。要结合社会实践活动的具体实践案例，引导学生树立劳动意识，将来成长为主动热爱劳动的积极分子。

从问题解决角度复习，在课后回归复习中，能够进行问题拓展学习，培养学生综合解决问题的能力。如数学课，在课后复习《反比例函数》时，对“如何理解反比例函数的概念，能根据已知条件列出反比例函数解析式”的问题要进行回归总结，拓展学习，教师要引导学生在课后拓展中培养解决问题的能力。

从技术运用角度复习，学科教师要正确指导学生在课后回归拓展复习中，将知识归纳、实验报告、拓展学习资料等内容，采用信息技术手段进行管理和优化。如化学学科，化学教师在课后复习《燃烧与灭火》时，要引导学生主动通过网络进行在线学习，也引导学生利用信息技术进行拓展学习。还可以结合社会实践进行实验探究。既能培养学生的技术运用能力，又能激发学习兴趣。

以上我们介绍了采用人文情趣型回归拓展法、科学思维型回归拓展复习法、学会学习型回归拓展复习法、健康生活型回归拓展复习法、责任担当型回归拓展复习法、实践创新型回归拓展复习法六种复习方法。这六种方法的科学运用将在课后阶段充分体现学生的核心素养，发展和培育学生的核心素养。与此同时，也能够保障学生在课后复习时的学业水平。

学生核心素养基本点与课后学科教学中学习行为结合点研究

核心素养			与学生有效学习行为结合点		备注
三大方面	六大要素	十八个基本点	课后	学科案例说明	
文化基础	人文底蕴	人文积淀	通过回归复习，深刻理解和掌握人物情感。	如语文课，在课后复习《邓稼先》这篇课文时，对“邓稼先先生有什么样的成长经历，取得了哪些伟大成就”这一问题，坚持回归复习，对邓稼先这个人物形象进行深刻理解和把握。	
		人文情怀	回归复习中对人物形象、人物情感形成个性化理解和升华。	如历史课，在课后复习《辛亥革命》时，对“辛亥革命中的主要人物、事件、成就和意义有哪些”这个问题进行回归复习。教师要引导学生对辛亥革命中的人物、事件形成个性化的理解和升华。	
		审美情趣	在达到理解知识美的基础上追求十分喜欢的高度，寻找到对本知识点学习的情趣。	如数学课，在课后复习《圆的方程》时，对“圆的方程是如何构成的”“圆的方程有何现实意义”这两个问题进行回归复习，在达到理解的基础上，体会到知识美，激发对“圆的方程”的学习兴趣。如语文课，在课后复习《散步》这篇课文时，对“父亲为什么选择那条路呢”这个问题进行回归复习，让学生体会“父亲”的人物形象美和价值所在，让学生从内心对这位“父亲”产生敬仰，体会到本知识点的学习兴趣。	

续 表

核心素养			与学生有效学习行为结合点		备注
三大方面	六大要素	十八个基本点	课后	学科案例说明	
		理性思维	回归复习中对理性分析的结果进行归纳。	如地理课，在课后复习《地球公转和自转》时，对“地球的公转和自转有什么关系”这一问题，教师引导学生在课后进行理性分析和归纳。	
文化基础	科学精神	批判质疑	回归复习中对曾批判和质疑的结果性知识进行归类和总结。	①如物理课，在课后复习《浮力定理》时，对“结合生活实际，探究浮力定理的科学性和合理性”这一问题，教师引导学生在课后中结合实际进行总结、质疑和探究；②如小学数学，在课后复习“小数点”时，对“为什么小数点左移变小、右移变大”这一问题引导学生在课后对这个结论进行质疑，探究其结论的合理性。	
		善于探究	在回归复习中对尚未解决的问题进行再一次探究。	如科学课，在回归复习“水蒸气”时，对“水加热为什么会产生水蒸气”这一问题，教师要引导学生进行课后进一步实验探究，引发学生深度思考。	

续　表

核心素养			与学生有效学习行为结合点		备注
三大方面	六大要素	十八个基本点	课后	学科案例说明	
自主发展	学会学习	乐学善思	在回归复习中体验学习成功的快乐，对学习过的知识进行结构化思考和梳理归纳。	如课后，教师要培养学生的多元归纳学习能力、回归评价学习能力，指导总结归纳、回归复习的方法和技巧，并通过课后归纳梳理、回归评价体验学习成功的快乐。尤其是通过梳理归纳使所学知识结构化，实现知识迁移。	
		勤于反思	在课后要养成反问自己“我还有什么不会”的好习惯。	在课后对所解决的问题进行反思，反思“我还有什么不会”，最好把反思结果写在“记事簿”或“问题集”上。	
		信息意识	在回归复习中依然强调信息意识，对存在困惑的知识点要进行拓展性、开放性信息收集和加工完善。	如语文课，在课后复习《观云识天气》时，对“各种云彩与天气变化有何关系”的问题，让学生在课后继续通过网络拓展学习，在课中对存在困惑的知识点进行拓展性、开放性信息收集和加工，从而，使问题得到进一步解决。	

续　表

核心素养			与学生有效学习行为结合点		备注
三大方面	六大要素	十八个基本点	课后	学科案例说明	
自主发展	健康生活	珍爱生命	每位学生在生活实践中做到尊重生命和珍爱生命。	如生物课，在课后复习《爱护植被 绿化祖国》时，对“为什么要爱护植被？怎样爱护植被”的问题，要组织学生到社会实践中进行体验考察学习，在社会实践中体验“植被”存在的价值和意义，从而，让学生进一步尊重动植物生命，学会珍爱生命。	
		健全人格	使高贵品格能够内化于心灵，转化为行为，使学生人格得到进一步完善。	如语文课，在课后复习《一夜的工作》时，教师要引导学生进一步深刻体会周总理的伟大品格，引领学生向周总理学习，使学生人格得到完善。	
		自我管理	在课后对学科文件夹进行自我管理、科学管理。	在课后，教师要指导学生对学习用具和对完成的任务型作业、工具单进行自主管理，学会自我评价。建议教师采用学科文件夹管理，有助于学生培养自我管理的好习惯。	

续　表

核心素养			与学生有效学习行为结合点		备注
三大方面	六大要素	十八个基本点	课前	学科案例说明	
社会参与	责任担当	社会责任	深刻理解负社会责任的积极意义，能够在实践中敢于负责，成为一个富有社会责任感的公民。	如语文课，在课后复习《为人民服务》时，对“张思德同志是一个什么样的人”的问题，教师要引导学生继续总结、反思，并结合身边熟悉的富有社会责任感的先进人物进行感悟和提升。从而，引导学生成为一个富有社会责任的公民。	
		国家认同	在课后实践中拥护国家法律，遵守法规，成为一个热爱国家、热爱人民、热爱家庭、热爱父母的中国人。	如语文课，在课后复习《文天祥过零丁洋》时，对“文天祥是一个什么样的人”进行回归复习，让学生深刻理解文天祥的爱国情怀，从而，激发学生更加热爱国家的情怀，鼓励学生成为一名热爱国家、热爱人民、热爱家庭、热爱父母的中国人。	
		国际理解	在课后能够拓展国际视野，在参与国际活动中成为遵守各国法律，自觉维护国家形象的国际人。	如地理课，在课后复习《中国的位置》，对以下三个问题（一是我国的纬度位置和海陆位置的特点有哪些？二是如何用亚洲政区图来读图识图记忆？三是如何培养热爱祖国的情怀?）进行回归复习，通过对上述三个问题进行深入总结分析，拓展国际视野，引导学生成为遵守各国法律，自觉维护国家形象的国际人。	

续　表

核心素养			与学生有效学习行为结合点		备注
三大方面	六大要素	十八个基本点	课前	学科案例说明	
社会参与	实践创新	劳动意识	在课后实践中能够热爱劳动，成为主动热爱劳动的积极分子。	如语文课，在课后复习《把铁路修到拉萨去》时，引导学生进一步理解建设者们修建铁路的长远意义和重要价值。结合社会实践活动具体实践案例引导学生学会劳动，成长为主动热爱劳动的积极分子。	
		问题解决	在课后回归复习中，能够进行问题拓展学习，培养综合解决问题的能力。	如数学课，在课后复习《反比例函数》时，对“如何理解反比例函数的概念，能根据已知条件列出反比例函数解析式”的问题要进行回归总结，拓展学习，教师要引导学生在课后拓展中培养解决问题的能力。	
		技术运用	在课后回归学习中，将知识归纳、实验报告、拓展学习资料等内容，采用信息技术手段进行管理和优化。	如化学课，在课后复习《燃烧与灭火》时，教师要引导学生继续通过网络进行在线学习，也引导学生利用信息技术进行拓展学习。还可以结合社会实践，进行实验探究。既能培养学生的技术运用能力，也能激发学生的学习兴趣。	

三、实施以《目标达成评价单》为主线的学业评价

《目标达成评价单》是保障学生课后学业水平、提高课后学生学习成绩的主要手段和有效工具。使用《目标达成评价单》的目的是检查学生课后对学业水平进行评价和监测。评价学生对学习目标的落实程度如何，应知、应会的内容掌握程度如何，例题、习题、练习题会做程度如何，检测学生自己对本模块知识的学习水平、学习能力的合格程度。各学科教师要引导学生科学使用《目标达成评价单》，落实好“多元评价”中的五级评价，当学生完成后，要求小组进行检查和评价，在小组评价的基础上，学科教师要进行抽测、验收和评价。必须保障学生课后学业水平，提高学生课后的学习成绩。

具体做法：

1. 学科教师在课前开发好《目标达成评价单》，“目标达成”部分是空白的，需要学生来补充和完成。“水平检测”部分要设置一定量的训练试题，检测学生的学业水平。

2. 学科教师在课后指导学生结合教材独立完成评价单。可以通过两种方式来完成：第一种方式是让学生在课前预习中独立完成，包括“水平检测”部分，在课中进行合作探究和教师指导；第二种方式是专门开设“能力拓展训练课”或“目标达成评价课”，在课中组织学生完成，然后组织学生进行讨论评价，教师做规范指导。

3. 学科教师要组织多元评价，指导学生在自己、同伴、小组长、课代表间如何开展多元评价活动，确保《目标达成评价单》的完成质量。

《×××》目标达成评价单

设计人：×××　　审核人：×××　　序　号：×××
班　级：×××　　组　名：______　　姓　名：______

【目标达成】

类　别	数量	完全掌握数量	没有掌握数量	没有掌握的原因
概念性知识				
原理性知识				
例　题				
练习题				
习　题				
自我评价				

【水平检测】（一般设计6—8个题，因学科特点自行调节）

【多元评价】

自我评价	同伴评价	小组长评价	课代表评价	任课教师评价

使用说明

1. 教师课前在备课时制作《目标达成评价单》，本单由三个模块构成："目标达成""水平检测"和"多元评价"。教师要科学、准确、严谨地编写"拓展训练"模块上的拓展训练题。

2. 学生在课前领到这张评价单后，可以在课前自主探究学习时完成，也可以在课前小组内探究后完成。课中还可以继续开展小组讨论来解决问题。如果学生在课前实在不能完成，教师可以在课中给出规范讲解，学生根据讲解进行详细记录。

3. 课中和课后组织实施“多元评价”。

成功案例：

下面两个案例是由北京市东铁营第一中学王乐老师设计的《目标达成评价单》。

案例 1：

《二元一次方程（组）》目标达成评价单

设计人：王乐　　审核人：吕新哲　　序　号：3 - 1 - 1

班　级：______　组　名：______　姓　名：______

【目标达成】

类　别	数量	完全掌握数量	没有掌握数量	没有掌握的原因
概念性知识	4			
原理性知识	3			
例　题	12			
练习题	12			
习　题	32			
自我评价				

【水平检测】

1. 求满足方程 $3x+y=5$ 的非负整数解________。

2. 以 x，y 为未知数，且同时满足下列两个条件：①由两个二元一次方程组成；②方程组的解为 $\begin{cases}x=2,\\y=3,\end{cases}$ 这样的二元一次方程

组可以是________。(写出一个即可)

3. 已知函数 $y=ax+b$ 和 $y=kx$ 的图像交于点 P $(-3,1)$,则关于 x,y 的二元一次方程组 $\begin{cases} y=ax+b, \\ y=kx \end{cases}$ 的解是________。

4. 解方程组 $\begin{cases} 2x-y=4, \\ 3x+y=1。\end{cases}$

5. 已知 $\begin{cases} x=1, \\ y=-1 \end{cases}$ 是二元一次方程组 $\begin{cases} ax+2y=b, \\ 4x-by=3 \end{cases}$ 的解,求 a,b 的值。

6. 已知 x,y 是有理数,求满足 $(2x-y+1)^2+|5x-2y-1|=0$ 的 x,y 的值。

7. 如果方程组 $\begin{cases} 3x+y=3, \\ 2x-y=7 \end{cases}$ 是某个一元二次方程的两个根,那么这个一元二次方程可能是________。

8. 已知:当 $x=-3$ 和 $x=2$ 时,代数式 $kx+b$ 的值分别是 -4 和 11。

(1) 求 k,b 的值;

(2) 求 x 为何值时,代数式 $kx+b$ 的值为 $\frac{1}{2}$。

【多元评价】

自我评价	同伴评价	小组长评价	课代表评价	任课教师评价

案例 2:

《因式分解》目标达成评价单

设计人:王乐　　审核人:吕新哲　　序　号:4-1-1

班　级:______　组　名:______　姓　名:______

【目标达成】

类　别	数量	完全掌握数量	没有掌握数量	没有掌握的原因
概念性知识	3			
原理性知识	5			
例　题	7			
练习题	9			
习　题	23			
自我评价				

【水平检测】

1．下列四个多项式中，能因式分解的是（　　）。

A．a^2+1　B．a^2-a+9　C．x^2+6y　D．x^2-6y

2．下列等式从左到右的变形，属于因式分解的是（　　）。

A．$a(x-y)=ax-ay$

B．$x^2-2x+1=x(x-2)+1$

C．$(x+1)(x+3)=x^2+4x+3$

D．$x^3-x=x(x+1)(x-1)$

3．分解因式：

（1）$m^3-4m=$________；

（2）$x^2-4y^2=$________；

（3）$-x^2-4x-4=$________；

（4）$6a^3-54a=$________；

（5）$x^3-2x^2y+xy^2=$________；

（6）$ax^4-9ay^2=$________；

（7）$5x^2-10x+5=$________；

（8）$ab^2-4ab+4a=$________。

4. 运用十字相乘法进行因式分解：

(1) $x^2+14x+24=$________；

(2) $a^2-8a+15=$________；

(3) $x^2+4x-5=$________；

(4) $x^2-7x+6=$________。

5. 已知多项式 $4x^2+1$，试再加一个单项式，使它们的和是一个完全平方式，则这个单项式是________。

【多元评价】

自我评价	同伴评价	小组长评价	课代表评价	任课教师评价

成功案例：

下面三个案例是由四川省成都市 43 中学苟学健老师设计的《目标达成评价单》。

案例 1：

《物质的变化与性质》目标达成评价单

设计人：苟学建　　审核人：钟先静　　序　号：1 - 1 - 1

班　级：______　　组　名：______　　姓　名：______

【目标达成】

类　别	数量	完全掌握数量	没有掌握数量	没有掌握的原因
概念性知识	4			
原理性知识	3			
例　题	1			
练习题	4			
习　题	9			
自我评价				

【水平检测】

1. 下列变化属于物理变化的是（　　）。

A. 植物的光合作用　　B. 鞭炮爆炸

C. 酒精与水以任意比例互溶　　D. 汽油燃烧

2. 下列属于物理变化的是（　　）。

A. 冰川融化　　B. 铁钉生锈

C. 蜡烛燃烧　　D. 食物变质

3. 下列诗句或者名著时间中的描述中，既隐含物理变化，又有化学变化的是（　　）。

A. 千里冰封，万里雪飘

B. 陆虞候火烧草料场

C. 白玉为床金作马

D. 伐薪烧炭南山中

4. 氯气具有以下性质：①在常温下是黄绿色的气体；②标准状况下，它的密度是 3.14g/cm^3；③能跟水反应生成盐酸和具有漂白作用的次氯酸；④有刺激性气味；⑤在一定条件下，能跟大多数的金属直接发生化学反应。

在①—⑤中，属于氯气物理性质的有________；属于氯气化学性质的有________。

【多元评价】

自我评价	同伴评价	小组长评价	课代表评价	任课教师评价

案例 2：

《空气》目标达成评价单

设计人：荀学建　　审核人：钟先静　　序　号：2-1-1

班　级：______　　组　名：______　　姓　名：______

【目标达成】

类　别	数量	完全掌握数量	没有掌握数量	没有掌握的原因
概念性知识	2			
原理性知识	3			
例　题	1			
练习题	6			
习　题	7			
自我评价				

【水平检测】

1. 下列是我们日常生活中接触到的物质，其中属于纯净物的是（　　）。

A. 碘酒　　B. 蒸馏水　　C. 可乐饮料　　D. 铝合金

2. 如图所示装置也可以用来测定空气中氧气的含量，对该实验认识正确的是（　　）。

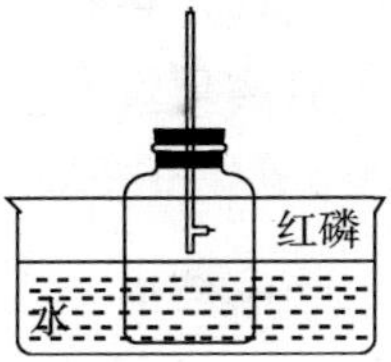

A. 红磷的量不会影响实验结论

B. 装置不漏氧是实验成功的重要因素之一

C. 将红磷改为蜡烛也能得到正确的实验结论

D. 钟罩内气体压强的减小会导致水面的上升

3. 空气成分中，体积分数约占78%的是（　　）。

A. 氮气　　B. 氧气　　C. 二氧化碳　　D. 稀有气体

4. 下列物质中，属于混合物的是（　　）。

A. 氢气　　B. 冰水　　C. 空气　　D. 镁

5. 下列关于稀有气体的叙述中，错误的是（　　）。

A. 曾被称为惰性气体

B. 都是无色、无味的气体

C. 都不能与其他物质发生化学反应

D. 稀有气体有广泛的用途

6. 用化学的视角看生活中的现象：

（1）因________化学性质不活泼、无毒、价廉，所以可用作食品防腐剂。

（2）小白鼠在装有空气的密闭容器中可存活一段时间，说明空气中含有________。

（3）澄清石灰水长期露置在空气中会变浑浊，说明空气中含有________。

（4）矿泉水瓶从冰柜中拿出来一会儿，瓶的外壁有水珠出现，说明空气中含有________。

（5）对着露置在空气中的干燥玻璃片哈气，发现玻璃片上出现了水雾，说明________（填“空气”或“人呼出的气体”）中含有水蒸气。

（6）稀有气体中的氦气可用于填充探究气球，这是因为氦气具有物理性质________，化学性质________，不会产生安全隐患。

7. 测定空气中氧气含量的实验中：

①液面上升小于$\frac{1}{5}$的可能原因是：________________________。

②能否用铁、铝代替红磷？________。能否用碳、硫代替红磷？________。

【多元评价】

自我评价	同伴评价	小组长评价	课代表评价	任课教师评价

案例 3：

《氧气的性质》目标达成评价单

设计人：苟学建　　审核人：钟先静　　序　号：2-2-1

班　级：______　　组　名：______　　姓　名：______

【目标达成】

类　别	数量	完全掌握数量	没有掌握数量	没有掌握的原因
概念性知识	2			
原理性知识	4			
例　题	2			
练习题	6			
习　题	7			
自我评价				

【水平检测】

1. 下列关于氧气的物理性质，叙述正确的是（　　）。

A. 难溶于水　　B. 密度比空气大

C. 液态氧气为无色　　D. 化学性质比较活泼

2. 下列反应中不属于化合反应的有（　　）。

A. 铁＋氧气$\xrightarrow{点燃}$四氧化三铁

B. 碳酸钠＋水＋二氧化碳$\rightarrow$碳酸氢钠

C. 乙炔＋氧气$\xrightarrow{点燃}$水＋二氧化碳

D. 氨气＋水＋氯化氢$\rightarrow$氯化铵

3. 下列反应属于氧化反应的有（　　）。

A. 水＋二氧化碳$\rightarrow$碳酸

B. 氧化汞$\xrightarrow{\triangle}$汞＋氧气

C. 甲烷＋氧气$\xrightarrow{点燃}$水＋二氧化碳

D. 碳＋氧气$\xrightarrow{\text{点燃}}$二氧化碳

4. 下列反应中，既为化合反应，又为氧化反应的是（　　）。

A. 铁＋氧气$\xrightarrow{\text{点燃}}$四氧化三铁

B. 氨气＋水＋氯化氢→氯化铵

C. 磷＋氧气$\xrightarrow{\text{点燃}}$五氧化二磷

D. 氯酸钾$\xrightarrow{\triangle}$氯化钾＋氧气

5. 下列反应中，属于化合反应的有（　　）。

A. 氨气＋水＋二氧化碳→碳酸氢铵

B. 水$\xrightarrow{\text{通电}}$氢气＋氧气

C. 锌＋硫酸→硫酸锌＋氢气

D. 镁＋氧气$\xrightarrow{\text{点燃}}$氧化镁

6. 做细铁丝在氧气中燃烧的实验时，操作或现象不正确的是（　　）。

A. 先在酒精灯上加热细铁丝

B. 盛氧气的集气瓶底没有水或沙子

C. 生成物为黑色固体

D. 剧烈燃烧，火星四射，放出热量

7. 下列说法是否正确，为什么？

(1) 一个反应属于化合反应，它一定同时又属于氧化反应；

(2) 糖溶于水得到糖水，这是一个化合反应。

8. 如何鉴别二氧化碳、氧气、空气？（简述操作过程）

【多元评价】

自我评价	同伴评价	小组长评价	课代表评价	任课教师评价

成功案例：

下一案例是由周口市文昌中学八年级吕林老师设计的，是针对八年级政治《治国安邦的总章程》而设计的《目标达成评价单》。

《治国安邦的总章程》目标达成评价单

设计人：吕林　　审核人：______　　序　号：______

班　级：______　　组　名：______　　姓　名：______

【目标达成】

类　别	数量	完全掌握数量	没有掌握数量	没有掌握的原因
概念性知识	2	2	0	
原理性知识	3	3	0	
例　题	1	1	0	
练习题	6	6	0	
习　题	1	1	0	
自我评价				

【水平检测】

一、选择题

1. 我国人口众多，地域辽阔，人民行使权力，要通过适当的方式，人民行使当家做主权力的机关是（　　）。

A. 人民民主专政

B. 全国人民代表大会

C. 人民代表大会制度

D. 全国人民代表大会及地方各级人民代表大会

2. 依据宪法，下列领导人或机关或组织必须向全国人民代表大会负责的是（　　）。

A. 地方检察院　　B. 北京市市长

C. 国务院　　D. 中国人民政治协商会议

3. 近年来，新华网、人民网等主流网络媒体均在“两会”召开期间开通专区，邀请“两会”代表和委员与网民进行互动访谈。上述材料体现的人民代表大会制度基本内容有（　　）。

①由国家权力机关产生其他国家机关，依法行使各自的职权

②实行民主集中制的组织和活动原则

③国家的一切权力属于人民

④维护了国家统一和民族团结

A. ①②　　B. ②③　　C. ③④　　D. ①④

4. 要规范权力运行、防治腐败，“把权力关进制度的笼子里”。为此，政府必须（　　）。

①执政为民，限制政府权力的行使

②深入推进科学执政、民主执政和依法执政

③严格依法办事，全面推行政务公开

④健全行政监督体系和问责等制度

A. ①②　　B. ①④　　C. ②④　　D. ③④

5. 北京市计划用五年时间（2012 年—2017 年），逐步建立规范权力运行的三大体系。决策权、执行权、监督权相对分离，既相互制约又相互协调。这是《北京市关于进一步加强廉政风险防控管理的意见》的主要内容。这是为了（　　）。

①重新配置权力资源

②更好地反映民意、集中民智、爱惜民力

③推进权力运行公开透明

④加强对权力的制约和监督

A. ①②③　　B. ①②　　C. ①③　　D. ②③④

二、探究题

问题一：

十二届全国人大五次会议期间，听取和审议了国务院总理李克强关于政府工作的报告、最高人民法院院长周强关于最高人民法院工作的报告、最高人民检察院检察长曹建明关于最高人民检察院工作的报告等。3 月 15 日，会议经表决，通过了关于政府工作报告的决议。决议指出：会议充分肯定国务院过去一年的工作，同意报告提出的 2017 年工作总体部署、目标任务、重点工作和政策措施，决定批准这个报告。会议经表决，通过了关于最高人民法院工作报告的决议、关于最高人民检察院工作报告的决议，决定批准这两个报告。

思考："一府两院"为什么要向全国人大报告工作？

问题二：

从"八项规定""六条禁令"，到《中国共产党廉洁自律准则》《中国共产党纪律处分条例》《中国共产党问责条例》，把权力关进制度的笼子，关键一环就是充分发挥监督执纪的威力。巡视监督持续深入，中央巡视组巡视了 100 多个地区和单位，实现了对地方和中央的全覆盖；纪检监察持续发力，一大批"老虎""苍蝇"被绳之以法……事实证明，要从根本上解决主体责任缺失、监督责任缺位、组织涣散、纪律松弛等一系列问题，就必须强化党内监督，确保党章、党规、党纪在全党有效执行，维护党的团结统一。

（1）从以上材料可以看出，规范权力运行的原因是什么？

（2）结合材料，思考：如何才能让权力在阳光下运行？

【多元评价】

自我评价	同伴评价	小组长评价	课代表评价	任课教师评价

成功案例：

下一案例是由河南省周口市文昌中学李兆娣老师设计的，是针对九年级政治《活跃在世界舞台上的中国》而设计的《目标达成评价单》。

《活跃在世界舞台上的中国》目标达成评价单

设计人：李兆娣　　审核人：______　　序　号：______

班　级：______　　组　名：______　　姓　名：______

【目标达成】

类　别	数量	完全掌握数量	没有掌握数量	没有掌握的原因
概念性知识	1	1	0	
原理性知识	5	5	0	
例　题	1	1	0	
练习题	1	1	0	
习　题	9	9	0	
自我评价				

【水平检测】

1. “汉语盘点”揭晓仪式在北京举行，“梦”字列年度国内字第一。该活动公布年度国内字结果时，对“梦”字的解说是：奥运梦、世博梦、飞天梦、航母梦、深海探测梦、诺贝尔奖梦……一一兑现。我国“美梦成真”的根本原因，归纳起来就是(　　)。

A. 坚持以经济建设为中心不动摇

B. 坚持四项基本原则和改革开放不动摇

C. 坚持科学发展观不动摇

D. 开辟了中国特色社会主义道路，形成了中国特色社会主义理论体系，不断完善中国特色社会主义制度

2. 实现中华民族伟大复兴，必须找到引领中国人民前进的正确道路和核心力量。这条道路和核心力量就是（　　）。

A. 党的基本路线、中国共产党

B. 党的基本路线、广大人民群众

C. 中国特色社会主义道路、中国共产党

D. 中国特色社会主义道路、广大人民群众

3. 刚刚过去的“十一”黄金周，一场“朋友圈摄影大赛”精彩纷呈，人们纷纷外出旅行，竞相晒出照片。今年以来，旅游消费总额再创历史新高，上半年国内旅游消费同比增长 14.5%。《清明上河图》《五牛图》、故宫“石渠宝笈特展”……吸引着一波波热情的观众。画展、话剧、交响乐，人们享受着更多高水准的文化大餐。这表明（　　）。

A. 人们的生活水平不断提高

B. 人们日益追求物质方面享受

C. 现阶段主要矛盾初步解决了

D. 我国政治文明建设效果显著

4. 习近平在访问俄罗斯时指出：“鞋子合不合脚，自己穿着才知道。”我们主张各国和各国人民应该共同享受尊严，一个国家的发展道路合不合适，只有这个国家的人民才最有发言权。我国的根本发展道路是（　　）。

A. 中国特色社会主义道路

B. 可持续发展道路

C. 依法治国的道路

D. 共同富裕的道路

5. 党的基本路线提出的奋斗目标是（　　）。

A. 解放和发展生产力

B. 建设富强、民主、文明、和谐的社会主义现代化国家

C. 实现人民的共同富裕

D. 把人民的利益作为一切工作的出发点

6. 党制定社会主义初级阶段基本路线的依据是（　　）。

A. 社会主义初级阶段的基本国情

B.“三个代表”重要思想

C. 四项基本原则

D. 社会主义初级阶段的主要矛盾

7. 中国特色社会主义理论体系来源于中国社会实践，对建设中国特色社会主义有着巨大的指导作用。下列属于中国特色社会主义理论体系的有（　　）。

A. 毛泽东思想　　B. 邓小平理论

C.“三个代表”重要思想　　D. 科学发展观

8. 随着“蜗居”“蚁族”“胶囊公寓”等词走红网络，越来越多的人感受到房价上涨带来的压力。“马上有房”也成为微博讨论中出现最频繁的愿望之一，这说明（　　）。

A. 社会主义初级阶段的主要矛盾依然存在

B. 我国社会矛盾日益突出，和谐社会难建成

C. 社会主义具体制度还不完善，有待改革

D. 改善民生和构建和谐社会必须多措并举

10. 请你参加活动与探索。

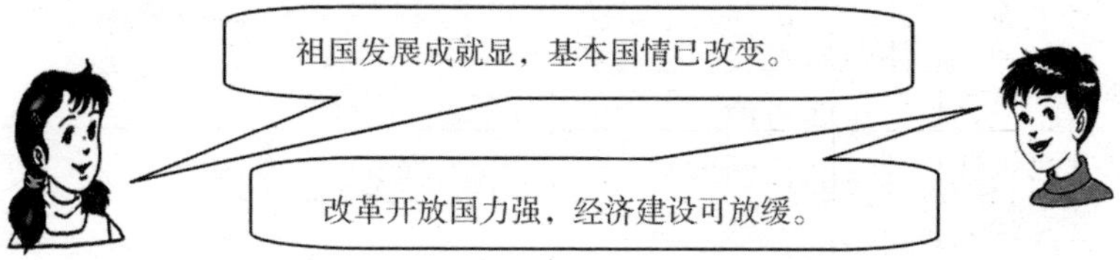

祖国发展成就显，基本国情已改变。
改革开放国力强，经济建设可放缓。

材料：回首过去，我们砥砺前行；展望未来，我们步伐坚定。2015 年，“十二五”规划胜利收官，硕果累累。2016 年是第十三个五年计划的开局之年，也是决胜全面建成小康社会的开局之年。起跑决定后程，赢得“十三五”，开好局至关重要。在中华民族走向复兴的历史坐标系上，2016 年注定是不寻常的一年，是大有可为的一年。

据悉，你校“回顾十二五，展望十三五”相关实践活动正在进行中，请你参与并完成下列任务：

（1）“十二五”规划胜利收官，硕果累累。请列举几项成就。

（2）展望“十三五”，请谈谈你的个人行动计划。

【多元评价】

自我评价	同伴评价	小组长评价	课代表评价	任课教师评价

成功案例：

下一案例是由河南省周口市文昌中学九年级何莹老师设计的，是针对九年级政治《可持续发展、生态文明》而设计的《目标达成评价单》。

《可持续发展、生态文明》目标达成评价单

设计人：何莹　　审核人：______　　序　号：______

班　级：______　组　名：______　　姓　名：______

【目标达成】

类　别	数量	完全掌握数量	没有掌握数量	没有掌握的原因
概念性知识	2	2	0	
原理性知识	2	2	0	
例　题	1	1	0	

续　表

类　别	数量	完全掌握数量	没有掌握数量	没有掌握的原因
练习题	5	5	0	
习　题	1	1	0	
自我评价				

【水平检测】

1. 胡玮炜，摩拜单车创始人，仅花了10个月的时间，这辆自行车就出现在了北京街头，随骑随停，手机一刷就能用，需要付出的仅是一点点租金。因为这辆共享单车，胡玮炜走上了《朗读者》的舞台，甚至成了总理座谈会上的座上宾。对此，理解正确的是（　　）。

A. 使人们形成绿色环保的消费方式

B. 共享单车颠覆了人们的出行方式

C. 贡献社会往往能获得回报和认可

D. 共享单车将会取代城市公共交通

2. 轻轻一扫码，就可以提取一辆公共自行车，轻松自如地在拥堵的市内穿行。现在，骑公共自行车出行已成为许多昆明市民的习惯。建立公共自行车租赁服务、智能交通系统，这是昆明市委、市政府为民办的实事之一。实施这一惠民措施（　　）。

①有利于彻底缓解交通拥堵问题

②坚持走共同富裕的道路

③引导市民增强环保和节约意识

④体现以人为本的执政理念

A. ①②　　B. ②④　　C. ①③　　D. ③④

3. 为了保护生态环境，为子孙后代留下绿水青山，我省出台了《江西省党政领导干部生态环境损害责任追究实施细则（试行）》，明确规定对损害生态环境的领导干部进行终身追责。这项规定（　　）。

A. 有利于落实可持续发展战略，保护生态环境

B. 表明每个人都应按角色的规范承担相应的责任

C. 提醒各级领导干部都应该切实履行保护生态环境的责任

D. 说明领导干部不切实履行保护生态环境的责任必将受到刑法制裁

4. 倒挂天河润泽京畿，几代夙愿今朝梦圆。经过几十万建设大军的艰苦奋斗，南水北调中线一期工程正式通水，南水北调东、中线一期工程建设目标全面实现。一泓清水北上的背后，是保护与发展的重新定位，是贡献与补偿的不断调整。为发挥好南水北调工程作用，造福人民群众，必须要（　　）。

A. 保障工程运行平稳，确保水质稳定达标

B. 加强源头环境治理，改善沿线生态环境

C. 放开南水使用限度，坚持经济效益优先

D. 促进资源均衡调配，大力倡导节约用水

5. 北京 APEC 会议期间，京、津、冀实施道路限行和污染企业停工等措施，空气质量优良，天空的蓝色被大家称为“APEC 蓝”。要留住“APEC 蓝”，我们需要（　　）。

A. 进行技术创新，大力发展循环经济和绿色经济

B. 鼓励企业节能减排，转变经济增长方式

C. 倡导公众践行低碳、绿色生活方式和消费模式

D. 禁止汽车生产销售，减少汽车尾气排放

6. 探究题。

近日，中央政治局会议审议通过《关于加快推进生态文明建设的意见》，明确提出“协同推进新型工业化、城镇化、信息化、农业化、现代化和绿色化。”首次提出“绿色化”概念。

打造名片：江津的好山、好水、好空气是大自然的恩赐，也是帅乡人民共同呵护的结果。“清新江津”——这一张亮丽的名片越来越受到追捧……

（1）“绿水青山就是金山银山”。推进绿色化进程，江津应继续坚持什么基本国策和发展战略？

（2）“清新”扮美帅乡生态新常态。为打造更加清新迷人的帅乡名片，我们应采取哪些实际行动？

【多元评价】

自我评价	同伴评价	小组长评价	课代表评价	任课教师评价

成功案例：

下一案例是由四川省成都市43中学唐懿老师设计的，是针对八年级历史《新文化运动》而设计的《目标达成评价单》。

《新文化运动》目标达成评价单

设计人：唐懿　　审核人：张明星　　序　号：2－1－9－3

班　级：______　组　名：______　姓　名：______

【目标达成】

类　别	数量	完全掌握数量	没有掌握数量	没有掌握的原因
概念性知识				
原理性知识				
例　题				
练习题				
习　题				
自我评价				

【水平检测】

1. 有人说新文化运动是戊戌变法和辛亥革命的继续，其含义是指（　　）。

A. 坚持反封建　　B. 倡导学习西方

C. 反对尊孔复古　　D. 主张民主共和

2. 下列关于新文化运动的意义的表述，不正确的是（　　）。

A. 是我国历史上一次空前的思想大解放运动

B. 它促使人们追求民主与科学

C. 它为马克思主义在中国的传播创造了条件

D. 成为新民主主义革命的开端

3. 新文化运动的斗争锋芒指向（　　）。

A. 帝国主义　　B. 资本主义

C. 孔教　　D. 维新思想

4. 新文化运动兴起的直接原因是（　　）。

A. 民族资本主义的发展　　B. 辛亥革命的失败

C. 西方民主、自由思想的传入　　D. 袁世凯掀起复古逆流

5. 袁世凯窃取辛亥革命果实后，大力推行的封建思潮是(　　)。

A. 西方学说　　B. 孔子之道

C. 三民主义　　D. 孟子之道

6. 新文化运动的主要阵地是陈独秀创办的（　　）。

A.《新青年》　　B.《青年文学》

C.《每周评论》　　D.《文化报》

7. 新文化运动中，激进的民主主义者高举“科学”大旗，其直接目的是（　　）。

A. 反对专制　　B. 反对愚昧

C. 反对旧道德　　D. 反对旧文学

8. 1918 年，在《新青年》上发表《庶民的胜利》和《布尔

什维主义的胜利》两篇文章，颂扬俄国十月革命的是（　　）。

A. 李大钊　　B. 陈独秀　　C. 鲁迅　　D. 胡适

9. 新文化运动时期，陈独秀等先进知识分子在思想上强调（　　）。

A. 用暴力反击复古尊孔逆流

B. 用改良的方法进行新文化运动

C. 民主与科学并重

D. 用马克思主义作为精神武器

10. 新文化运动后期的主要内容是（　　）。

A. 提倡民主科学

B. 在中国传播马克思主义

C. 提倡新道德，反对旧道德

D. 提倡新文化，反对旧文化

11. 某历史学习小组要查阅新文化运动的相关资料，下列刊物中，他们应选择的是（　　）。

①《青年杂志》　②《民报》　③《新青年》　④《每周评论》　⑤《中外纪闻》

A. ①②⑤　　B. ②④⑤　　C. ①③④　　D. ②③⑤

12. 新文化运动是我国历史上空前的思想大解放运动。这里的“思想大解放”是指（　　）。

A. 最先对传统的闭关锁国思想提出挑战

B. 促使人们追求民主和科学

C. 使民主共和的观念深入人心

D. 抛弃“以阶级斗争为纲”的方针

13. 阅读材料回答问题：

材料一　梁启超在《五十年中国进化概论》中说：“近代五十年来，中国人渐渐知道自己的不足了……第一期，先从机器上感觉不足……于是福建船政学堂、上海制造局等渐渐设立起来……第二期是从制度上感觉不足……第三期便是从文化根本上感觉不足。”

材料二　史学界普遍认为，至1919年以前，中国近代化历程由学习西方的军事器物，到学习西方的政治制度，再到学习西方的思想文化，经历了三个阶段，在经济、政治、文化领域全面启动，逐步深入展开。

（1）根据材料一、二并结合所学知识，完成下表：

梁启超的分期	史学界的观点	相关重大的历史事件
中国人自知不足第一期	学习西方的军事技术	
中国人自知不足第二期	学习西方的政治制度	
中国人自知不足第三期	学习西方的思想文化	

（2）根据你对材料的理解，结合所学知识，从1919年以前，中国近代化历程的第二、三阶段中任选一名领袖式的、有代表性的历史人物，说明他为了中国的近代化，为了改变中国的“不足”做出了哪些努力？

【多元评价】

自我评价	同伴评价	小组长评价	课代表评价	任课教师评价

第五章

基于综合素质评价的学科学习文件夹管理

教育部《关于加强和改进普通高中学生综合素质评价的意见》（教基二〔2014〕11号）中强调“综合素质评价是对学生全面发展状况的观察、记录、分析，是发现和培育学生良好个性的重要手段，是深入推进素质教育的一项重要制度”。实施综合素质评价，我们到底对什么素质进行“评价”呢？主要是评价“思想品德、学业水平、身心健康、艺术素养、社会实践”。我们要对这些抽象的素质变成具体的、可考察的指标，就要用学生行为表现说话，用活动时间说话，用活动效果说话。通过对一些抽象指标进行实操化考核，来培养学生综合素质，培养综合素质评价能力。其中，“学业水平”是综合素质评价的重要一项。为了在实施学生综合素质评价过程中，能够保障学生的学业水平，国家实施全国性的学业水平考试制度。在国务院《关于深化考试招生制度改革的实施意见》（国发〔2014〕35号）中强调“学业水平考试主要检验学生的学习程度，是学生毕业和升学的重要依据。考试范围覆盖国家规定的所有学习科目，引导学生认真学习每门课程，避免严重偏科”。要求各个学校在实施综合素质评价和学业水平考试过程中，引导学生全科发展，不要偏科发展。从综合素质评价角度来看，对学业水平的评价重点是学业水平考试成绩、选修课程内容和学习成绩、研究性学习与创新成果等，特别是具有优势的学科学习情况。对一名初中生而言，学业水平评价是包含语文、数学、英语、物理、化学、生物、政治、历史、地理等学科的学业水平评价。这就给我们一线教师提出了一个十分现实而又具有挑战的重大课题：如何在学业水平评价过程中体现素质教育思想，既能提高学业水平，又能培养核心素养？

在传统教学视野下，学生学业水平评价主要是一张考试卷，最常用的学习辅助材料有作业本、笔记本等。随着一个学期或一个单元的学习任务的完成，许多学生把作业本、笔记本随意丢掉了，曾经洒下勤奋汗水、记录着学习过程和方法的作品就这样丢弃了。这些作品在学生学习过程中充当的是用于机械训练的简单辅助学习工具，所以，在复习过程中也无法发挥其应有的作用。

而在以“学”为中心的课堂教学视野下，我们创新了传统意义上的作业本和笔记本，走向了具有建构式学习特征的学习工具单和表征学生学习过程及方法的作品资料，这里记载着学生各个阶段的学习过程、方法、智慧和成就等。可以说都是证明学生学习进步的“沉甸甸的礼物”。为了使这些厚重的“礼物”能够激励学生的全面发展，我们的核心观点是要创建学科学习文件夹。通过学科学习文件夹管理和评价，使学生的学习素质走向综合素质评价。

本章主要包括以下内容：

1. 阐述学科有效学习文件夹创建的目的和意义。
2. 学科有效学习文件夹创建内容、过程和方法。
3. 学科文件夹评价采用凸显形成性定性评价与定量评价。
4. 如何对学科有效学习文件夹进行展示与交流。

一、学科有效学习文件夹创建目的和意义

教育部《关于加强和改进普通高中学生综合素质评价的意见》（教基二〔2014〕11号）中阐述了实施综合素质评价的“重要意义”。认为全面实施综合素质评价，有利于促进学生认识自我，规划人生；有利于促进学校把握学生成长规律，切实转变人才培养模式；有利于促进评价方式改革，转变以考试成绩为唯一标准评价学生的做法。这“三个有利于”高度概括了我国实施综合素质评价的重要意义，对学生自主发展、人生规划有重要意义，对转变人才培养模式有积极意义，对促进评价方式改革有着积极的推动意义。

学科学习文件夹的创建是实施学生综合素质评价的重要组成部分和主要途径之一，而且是对学生日常学习生活、学习成长进步的主要体现，也是学生在学校管理中最能够“摸得着、看得见”的评价内容。实施学科学习文件夹管理是对学生学业水平管理进行量化评价和质性评价，是一种形成性和总结性相结合的过

程性评价。不仅提高学生自主学习管理能力、评价能力，还能提高系统化、结构化的综合思维能力。将会对学生长大成人后走向社会管理公司、企业，奠定良好的社会化管理能力基础。

（一）创建学生学科学习文件夹的主要目的

学生学科学习文件夹的创建和管理是学生学习生活中的一件“新生事物”，与原来传统教学视野下的学生作业管理、笔记本管理又着重要差异。在实施学科学习文件夹的过程中，让学生动起来，由学生自主管理学科学习文件夹；在自主管理的基础上，在小组内管理小组每位成员的学科学习文件夹；在小组管理的基础上，由全班管理每个小组的学科文件夹。通过三级管理，使每位学生学会学科文件夹管理和评价，达到以下目的：

1. 学会自主管理，培养自我管理的良好习惯

实施学科学习文件夹，对每位学生而言都是一个挑战，由原来的“书包”随意、凌乱的管理，走向体系化、结构化、学科化管理。让学生建立结构化自我管理的意识和思维，指导学生学会学科学习材料的管理和整理。在这个过程中，让学生学会自主学习、自主管理、自主评价，养成良好的自主学习的好习惯。

2. 体验进步过程，激发持续发展的成长兴趣

实施学科学习文件夹，就是让学生学会每一天、每一阶段、每一学期的本学科学习资料，在这个过程中，让学生体验成功的快乐。这一体验的过程恰好能够反映学生学习的努力、进步、成功的过程，使学生在过程中获得成功体验，增强学习进步动力，激发持续发展的兴趣。

3. 掌握科学方法，建立提升综合素质评价的科学机制

实施学科学习文件夹，引进多元评价，回归评价机制，确保

每一阶段的学习质量和效果，体验学习成功的快乐。学科教师要指导学生掌握有效的学习方法，巩固所学知识。通过建立提升综合素质评价，达到缩小学生差异，大面积提高学业水平，促进学生综合素质提升和全面发展的目的。

（二）创建学生学科学习文件夹的重要意义

1. 创建学生学科学习文件夹对学生发展而言，可提升学生自我管理能力、自我评价能力和综合素质评价能力。通过实施学科学习文件夹管理，学生就能学会对一个学科学习的全过程管理。即学习计划、学习工具单、学习反思、学习总结、阅读书目、阶段性考试试卷、实践研究成果和获奖证书等内容，都要学会优化、经营、整理和归纳。这个梳理、整理和评价的过程，便是学生学会自主管理文件夹、学会自主评价文件夹的能力提升过程，也是养成自我管理、自我评价的好习惯的过程。好习惯是培养出来的，而不是训导出来的。一旦养成这样的好习惯，这将对未来一生的成长都具有十分重要的、不可估量的长远意义。

2. 创建学生学科学习文件夹对教师发展而言，可掌握科学的学生学业水平评价方法，提高学业水平能力，促进教师专业化发展。在以前的教本教学过程中，学科教师的主要任务是备课、上课、课后批改作业、个性化指导、组织考试等。没有指导学生如何管理一个学科学习所有的材料、工具等，更没有进行科学评价。学科教师对学生的评价基本上是作业评阅、考试评卷和基本印象评价。这样，学科教师既忽视了学生的综合素质评价，也没有关注教师评价方法的改进和优化。在实施学科学习文件夹管理过程中，学科教师要深刻领会学科文件夹管理的本质意义和目的，在管理的过程中，掌握科学评价方法，提高对学生评价的能力水平。掌握这种对学生实施科学评价的方法和能力，便是促进教师专业化水平的过程。

3. 创建学生学科学习文件夹对学校发展而言，可创新学生评价制度，实施学生综合素质评价，推动学校课堂教学方式改革，推动基础教育课程改革，全面提高教育教学质量。学校采用学生学科文件夹管理评价，就是对学校学生评价创新的一个重要内容，改变学生评价方式，将推动学校教学方式的改革。学校通过实施各个学科的学习文件夹管理，保障每一位学生、每一个学科的教学和学习质量，有利于全面提高学校教育教学质量。在实施各个年级、各个学科的学习文件夹管理和评价的过程中，也能提高全校的教学质量。

4. 创建学生学科学习文件夹对高考制度创新而言，可为科学而规范地实施学生综合素质评价做出有价值、有意义的研究，有利于推动我国高考制度改革。实施学科学习文件夹是提高和保障“学业水平”的主要渠道。我们可以认为，实施学科学习文件夹是实施学生综合素质评价的一个重要组成部分，也是核心环节。通过科学实施学科学习文件夹管理和评价，我们可以总结经验，提炼精华，对建立我国特色的高考评价体系和推动我国高考制度改革将有十分重要的现实意义。

二、学科有效学习文件夹创建内容、过程和方法

实施学科学习文件夹，最主要的是要落实到教师和学生的平时行动上，指导学生明确学科学习文件夹中“有什么内容”“经历哪些过程”“采用哪些方法”等。只有让学生明白如何做，才能高质量地实施学科学习文件夹管理和评价。

（一）学科学习文件夹创建内容

教育部《关于加强和改进普通高中学生综合素质评价的意见》（教基二〔2014〕11号）中指出：建立规范的学生综合素质档案，客观记录学生成长过程中的突出表现，注重社会责任感、创新精神和实践能力，主要包括学生的思想品德、学业水平、身心健康、兴趣特长、社会实践等内容。明确提出综合素质评价档案的主要内容：

1. 主要的成长记录，包括思想品德、学业水平、身心健康、艺术素养、社会实践五个方面的突出表现。

2. 学生毕业时的简要自我陈述报告和教师在学生毕业时撰写的简要评语。

3. 典型事实材料及相关证明。

要求档案材料要突出重点，避免面面俱到。有些活动项目学生没有参加或事迹不突出，可以空缺。规范和减少高考加分项目后，学生的相关特长、突出事迹、优秀表现等情况记入学生的综合素质档案中。教师评语要客观、准确地揭示每个学生的个性特点。学校要对学生的档案材料进行审核。

根据以上的新规定和要求，“学科文件夹评价”作为综合素质评价的一个核心环节和重要内容，也要充分满足上述精神和要求。在学科学习文件夹中，主要包括本学科学习过程中，学生所使用过的纸质材料、电子资料、影视资料等，记录着学生的学习行为、情感、学习收获、成就等。主要包括以下方面：

1. 学科学习计划

2. 学科有效预习笔记

3. 作业评价与分析表

4. 基础知识评价单

5. 问题解决评价单

6. 目标达成评价单

7. 水平训练评价单

8. 单元知识建构图

9. 学科学习反思日记

10. 学习阶段性学习总结

11. 阅读书目清单

12. 学习报告、实验报告、调查报告、综合实践报告、专题作品评价表（包括活动照片、音像资料，反映探究性学习情境、结果、流程等）

13. 学科阶段性考试试卷

14. 学科阶段性学业成绩分析与评价一览表

15. 学科阶段性各学科作品、成果样本集

16. 本学期学科考试、竞赛获得各种奖励证书及登记表

17. 实验家长反馈调查问卷（家长填写）

18. 其他资料

注：以上内容是学生自己收集的作品目录，各个学校、各个班级对学生要结合班级要求和自己学习特点，增减收集内容。

（二）学科学习文件夹创建过程和方法

教育部《关于加强和改进普通高中学生综合素质评价的意见》（教基二〔2014〕11号）中第四部分“评价程序”中明确指出：综合素质成长记录袋评价的四部曲分别是“写实记录”“整理遴选”“公示审核”“形成档案”。

具体要求如下：

1. 写实记录。教师要指导学生客观记录在成长过程中集中反映综合素质主要内容的具体活动，收集相关事实材料，及时填写活动记录单。一般性的活动不必记录，活动记录、事实材料要真实、有据可查。

2. 整理遴选。每学期末，教师指导学生整理、遴选具有代表性的重要活动记录和典型事实材料以及其他有关材料。用于招生使用的材料，学生要签字确认。

3. 公示审核。遴选出来、用于招生使用的活动记录和事实材料必须在每学期末的教室、公示栏、校园网等显著位置公示。班主任及有关教师要对公示后的材料进行审核并签字。

4. 形成档案。各省（市、区）要对学生综合素质档案格式提出基本要求。学校要对相关材料进行汇总，为每个学生建立综合素质档案。

各个学校在使用学科学习文件夹时，最好不要用档案袋，要用开口的纸质文件夹或塑料文件夹，指导学生将每一天、每一阶段的本学科相关资料整理在文件夹中。建议学校教务处可以制订统一标准，对于学科文件夹的选材上可以由学校统一印刷，也可以鼓励学生统一购置。具体操作过程如下：

1. 使用和管理。学科教师在如何使用和管理方面，要进行具体指导，主要是学生个体自行、自觉管理，由小组内学科组长、小组长负责检查。由学生将自己在学习过程中发生的对自己有积极影响的事件，进行条理性整理后，有选择性地装入学科学习文件夹中。包括学生的课前预习笔记、学习反思日记、学习总结、教师评语、学习计划、各种学习工具单、阶段性学习评价结果等。每当学完一个主题内容时，请各位学生及时地把所用的学习工具或材料放在“学科学习文件夹”中。全班的学科组长和学科助理要在每单元结束时检查一遍，确保学习材料的完整性，以便在单元复习时发挥其应有的作用。

2. 装订和检查。学科教师要指导学生养成良好的自主管理习惯。学校可以设计一些体现富有学校文化特色的彩色封面，到学期末时统一组织各个班学生来装订“学科学习文件夹”，以便学生携带和管理时更加方便，也便于学生终身保存。

3. 加强评价机制。学校要建立“学科学习文件夹”的多元评价机制，在学期末规定时间点上落实评价任务，落实自我、同伴、学科组长、学科助理和教师评价等多元评价。评价的主要目的是反映学生平时的学业情况，鼓励学生寻找适当的机会展示自己的学习成果和经历，在展示过程中获得成功体验。为体现合作评价的重要性，可让家长、教师、同学等评价主体参与进来。让学生制订评价标准，鼓励学生自主管理，学会自我评价、合作评价，体现学生的自我选择、自我评价、自我反省的特点。学校也可在学期末实施等级制综合评价，创新学生综合素质发展评价制度。

三、凸显形成性评价的定性评价与定量评价

如何评价学科学习文件夹呢？学科学习文件夹是存装一个学生有关本学科所用到的所有有价值的学习材料，是一个过程性材料文件夹，基本包含了这个学生对本学科所学时用到的一系列材料。面对学生平时积累的这些材料，我们如何进行评价才能起到激励和鼓励学生成长进步的目的呢？

《基础教育课程改革纲要（试行）》明确指出：“要建立促进学生全面发展的评价体系。评价不仅要关注学生的学业成绩，而

且要发现和发展学生多方面的潜能，了解学生发展的需求，帮助学生认识自我，建立信心。发挥评价的教育功能，促进学生在原有水平上的发展。”学生学业水平评价是新课程改革过程中普遍关注的问题。在新高考背景下，要改变“一张试卷定乾坤”的传统方法，就要采用灵活多样、具有开放性的质性评价方法，不能仅依靠纸笔考试来作为收集学生发展证据的手段。学生学业水平评价主要是针对学生的学业能力评价，不完全包括非学业能力。在有效的学习过程中，如何采用多元化的评价方法来促进学生的全面发展，是我们共同研究的重大课题。

具体而言，我们把“学业水平评价”的过程性评价具体视为“学科学习文件夹”评价。这个学科学习文件夹的内容和过程方法体现了三维目标评价：

1. 包括基础知识技能评价（如单元考试成绩、阶段测验成绩、小测验成绩、期中期末考试成绩）。

2. 学习过程与方法评价（如自主结构预习、课堂讨论、回答问题、提出问题、基础知识评价单、问题解决评价单、目标达成评价单、水平训练评价单、独立完成作业成绩、合作性作业成绩、创造性作业成绩、体现学科内容的作品、产品的评价结果等）。

3. 过程与方法评价，对在学习过程中形成的学习情感态度价值观进行评价（如学习热情、学习态度、学习兴趣、正确的价值追求和判断等）。

（一）学科学习文件夹评价原则

学科学习文件夹评价过程是体现学生学业水平的过程，还体现了学生在学校学习期间的学习收获、学习表现、学习过程、学习方法和学习态度等。为了做到客观公正、科学合理，达到鼓励学生、激励学生、成就学生、发展学生的目的，我们在实施学科学习文件夹评价过程中，要尽可能贯彻以下评价原则：

1. 目标性原则。

新课标规定，学科学习目标主要包括“知识与技能”“过程与方法”和“情感态度价值观”等三维目标。学业水平评价必须处处体现三维目标，偏向哪一方面都不能称为新课程评价，反而会导致新的片面问题发展。核心素养的相关要素要在三维目标评价的过程中得以贯彻和落实。

2. 个性化原则。

每个学生都是具有鲜明个性特色的个体，有属于自己的爱好、特长、兴趣。在长期的学习、生活实践中形成了自己的风格与性格，以及具有个性特色的思维品质。所以，在学生学科学习文件夹评价过程中，要遵循学生身心发展规律，培养学习兴趣，发展特长能力，使学生个性得到和谐、健康、全面的发展。

3. 过程性原则。

学生学科学习文件夹是表征每个学生发展、进步的动态结果，而不是一个绝对的终结性结果。它是一个长期积累的“符号”，而不是说明某一点的唯一“评判”。所以，学生学科学习文件夹评价要重点突出学生学习的过程性、动态性。

4. 发展性原则。

学生学科学习文件夹评价是由低级到高级发展的过程，要根据不同学生的发展需要，考虑基础性发展和提高性发展。充分挖掘学生潜力，调动学生的学习积极性，不断促进学生全面发展。

（二）学科学习文件夹的评价办法

学科学习文件夹评价分为“学习情感态度价值观”“学习过

程和方法”和“学习知识与技能”三个维度。下面对三个维度所涉及的相关材料加以分类，并将具体观测点描述如下：

维　度	观测点	备　注
“学习情感态度价值观”	★学科学习计划 ★学习态度量表 ★学习兴趣量表	各学校可以自行开发设计
“学习过程和方法”	★学科有效预习笔记 ★基础知识评价单 ★问题解决评价单 ★目标达成评价单 ★水平训练评价单 ★单元知识建构图 ★学科学习反思日记 ★学习阶段性学习总结 ★课堂表现记录表 ★作业评价与分析表 ★阅读书目清单和读后感 ★学习报告、实验报告、调查报告、综合实践报告、专题作品评价表（包括活动照片、音像资料，反映探究性学习情境、结果、流程等） ★学期学科考试、竞赛获得各种奖励证书及登记表 ★实验家长反馈调查问卷（家长填写） ★学科阶段性各学科作品、成果样本集 ★其他资料	各学校根据学校、类别、层次、学段特点进行增减

续　表

维　度	观测点	备　注
“学习知识与技能”	★学科阶段性考试试卷 ★学科阶段性学业成绩分析与评价	相对稳定和固定

以上分类表所列内容仅供参考，各个学校要结合自己学校的具体特点，在遵循学科学习文件夹管理和评价要求、原则的前提下，可以适当地创新，一定要保证学科学习文件夹评价的质量和效果。

学科学习文件夹评价步骤如下：

1. 学生个体整理。

组织每个学生按要求整理好学科学习文件夹，到学期末时按学科分类归纳、优化和整理。一定要求学生注重平时的保存和管理，否则到了期末时就会出现“想找都找不着”的情况。做到“全”“真”“补”，一是材料内容要全面，不要丢失；二是所有材料都是真实的；三是如果因特殊情况（火灾、雨淋、水浸泡等）材料严重破损时，学校要有计划、有组织地要求学生在规定时间内补齐。

2. 学校统一装订。

学校教务部门统一设计体现学校特色的彩色封面，组织专业人员按班分科进行统一装订。

3. 组织多元化评价。

以班级为单位，各个学科教师要组织全班同学开展多元化评价活动。

4. 实施综合评价。

在学科教师统一组织下，动员所有同学严格按《学科学习文件夹综合评价表》进行综合评价。

学科学习文件夹综合评价表

学　校：　　　　　班　级：　　　　　组　名：　　　　　姓　名：

	分值	观测内容	自我评价	同伴评价	学科组长评价	小组长评价	学科助理评价（课代表）	教师评价	综合成绩
学习情感态度价值观	20 分	热情、态度兴趣、价值观							
学习过程与学习方法	30 分	课前表现（结构预习）8 分							
		课堂表现 8 分							
		课后拓展表现 6 份							
		三单管理 8 分							
基础知识与技能	50 分	单元测试＋期中、期末考试成绩		按实际考试成绩折算为：					
质性评价	评语： 教师：								

注明：

①前两项的综合成绩是各个评价主体评价值的平均值。

②如果学校实施问题学习工具单或使用基础知识评价单、问题解决评价单、目标达成评价单、水平训练评价单，就按上述评价表进行考核和评价。

③学生学科学习文件夹评价在一定程度上是指学生学业水平评价和总结性评价，或者称为综合评价，在公布成绩结果时，最好将百分数折算为 A，B，C，D，E 等级，90 分以上为 A，80—89 分为 B，70—79 分为 C，60—69 分为 D，59 分以下为 E。

④数学学科为例，如某同学在初一上学期、初一下学期、初二上学期、初二下学期、初三上学期、初三下学期的综合评价结果均为 A，那么，这名同学在初中三年的数学学科学习文件夹综合评价为 6 个 A，最终结果为 A。假如其中有一个 B 或者两个 B，那么，进行二次赋值计算后得出最后等级。

⑤值得说明的一个问题，许多教师误认为国家要组织学业水平考试，我们何必建立学科文件夹管理和评价制度呢？在此我将给予引导和解读：一是国家组织学业水平考试是属于学业水平评价的终结性评价，从国家层面保障学生学业水平而设立的一种水平监测制度；二是使用学科学习文件夹管理和评价是体现学业水平评价的过程性评价；三是为国家实施新高考制度改革，建立健全综合素质评价制度奠定基础工程。

5. 撰写综合报告。

学科教师要指导学生学会撰写自我评价报告，在学生自我评价的基础上，学科教师撰写该同学本学科的综合评价报告。

(三) 学科教师基本要求

实施学科学习文件夹管理和评价制度，对每位教师而言，都有一定的挑战。由过去的简单评价、印象评价、感觉评价，走向全程化、结构化、多元化、科学化、系统化的过程性评价。从意识层面、习惯层面、行为层面上都带来了挑战。为了促进学生全面发展，为了培育学生核心素养，为了保障学生学业水平，希望各位学科教师要尽可能做到以下几点：

1. 用心呵护。

教师一定要用心来实施学科学习文件夹管理和评价制度，做到耐心、热情、关心和关爱每位同学的成长进步。

2. 指导方法。

教师一定要重点指导学生掌握实施学科学习文件夹管理和评价的使用方法，养成学生使用学科学习文件夹管理和评价的良好自我管理习惯。

3. 经营管理。

教师一定要让学生做到不随意摆放和丢失一张资料，学会经营自己的学习过程，培养“老板”意识、“主人”意识，像管理自己的公司一样对待学科学习文件夹。

4. 从小培养。

教师一定要对低年级学生多精心指导和关爱，从小养成自我管理、自我经营的好习惯。

5. 两套管理。

教师一定要让高年级学生尝试使用电脑来记录，创建电子版“学科学习文件夹”，每个人都有两套管理途径和方法，既有纸质管理文件夹，又有电子文件夹。

6. 搭建平台。

教师一定要搭建展示、交流、分享成功的平台，要创造条件给学生搭建展示平台，尽可能在教室里组织展示和评奖。学校教务处等部门要组织各个年级学生进行单科“学科学习文件夹”评比和所有“学科学习文件夹”评比，从学校层面给予奖励和激励。鼓励和动员家庭（家长）努力创造条件，利用假期、节假日让学生展示“学科学习文件夹”成果。

四、学科有效学习文件夹的展示与交流

为了全面提升学生学科文件夹评价的学习能力，我们各个学校以及各个班级要为学生搭建展示和交流学科文件夹的机会和平台。教师一定要搭建展示、交流、分享成功的平台，不论是教师层面，还是学校层面，都要创造条件给学生搭建展示平台。学科教师要适当给予评价，写下激励性评语鼓励学生，尽可能与班主任协商后在教室里组织展示和评奖。学校教务处等部门要组织对各个年级学生进行单科学科文件夹评比和所有学科文件夹评比，从学校层面给予奖励和激励。也可以动员家长在家庭举办学科文件夹展示活动。通过多种展示活动，使学生得到不同程度的体验和分享。搭建这种长期、有效的学习展示机制，使学生学科学习文件夹的使用能力得到持续成长。最终，使学生的综合素质评价能力得到有效发展。展示和交流活动可以多元化，可以分为学生个体展示、小组整体展示、班级整体展示、学生个体家庭展示等。

（一）学生个体展示

为了鼓励先进，发挥示范引领作用，学科教师要指导班级优秀学生建好学科学习文件夹，在周五或主题班会上进行学生个体学科文件夹展示。在活动过程中，组织全班同学给予激励表扬，并提出合理化的改革建议，使之更加完善。让学生在全班展示交流作品的过程中，充分体验到学习成功和学习进步的快乐。学科教师也可以设置奖项，颁发荣誉证书等以资鼓励。

（二）小组整体展示

个体优秀不是辉煌，团队优秀才是辉煌。学科教师要鼓励小

组整体的成长和进步，要搭建小组所有成员展示学科学习文件夹的平台和机会，让小组整体进行学科文件夹展示。在展示活动过程中，组织全班同学给予激励表扬，并提出合理化的改革建议，使整个小组的学科学习文件夹更加完善。让小组同学在全班展示交流作品的过程中，充分体验到学习成功和学习进步的快乐。学科教师也可以设置小组集体奖项，颁发集体荣誉证书等以资鼓励。

（三）班级整体展示

从学校层面上来讲，要鼓励某一班级整体成长和进步，要搭建某班全体成员展示学科学习文件夹的平台和机会，让班级整体进行学科文件夹展示。在展示活动过程中，组织全校教师和学生来参观和观摩，给予激励表扬，并提出合理化的改革建议，使班级的学科学习文件夹更加完善。让整个班级的同学在全班展示交流作品的过程中，充分体验到学习成功和学习进步的快乐。学校层面也可以设置班级集体奖项，颁发班级集体荣誉证书等以资鼓励。

（四）学生个体家庭展示

以某一家庭为单位开展学科学习文件夹展示交流活动，家长来搭建学生在家庭中展示学科学习文件夹的平台和机会。在节假日或某一重要纪念活动日，让孩子进行学科学习文件夹展示，可以是单一学科，也可以是所有学科。在展示活动过程中，组织亲属和孩子同学、朋友来参观和观摩，让他们给予孩子激励表扬，并提出合理化的改革建议，使孩子的学科学习文件夹更加完善。让孩子在家庭展示交流作品的过程中，充分体验到学习成功和学习进步的快乐。家长也可以设置孩子的进步奖项，颁发特殊荣誉证书等以资鼓励。

家长调查问卷

尊敬的家长：

为构建学生、教师、家庭三位一体的教育教学平台，培养学生学习力的能力，切实提高孩子，特对各位家长进行调查问卷，请您对一下内容认真阅读，请不要有顾虑，把老师当做您的朋友，因为我们的目标是同一个。请根据实际情况认真填写，并将答案填在题号前的括号内。感谢您在百忙之中完成这份调查问卷，所有调查结果都将成为我们今后培训中的指导依据。孩子们的健康成长，家长的愿望，就是我们努力的方向。

父亲	蒋志国	工作	公司经理	联系电话	13880793637.
母亲	孙红梅	工作	医生	联系电话	13880226863
学生姓名	蒋文超.	家庭住址	董家湾北街20号.		
所在年级	八年级	监护人电	13880793637	填表	2016.12.

一、基本情况（在选择项处打√，可多选。）

1．您家里负责孩子教育问题的人员是

①父亲　②母亲　③父母　④爷爷奶奶　⑤其它人员

2．您的孩子完家庭作业的情况是

①自己能安排时间，并能自觉按时完成。　②先看电视或玩，直到快要返校了才想到做作业。

③做作业很不自觉，是在家长的威逼之下，才勉强应付。

3．您对孩子的管教态度

①很威严，以自己为中心　　②很友善，能把孩子当成朋友

③看心情，但还是以自己为中心　　④看心情，但能在孩子的角度想问题

⑤任其自然，儿孙自有儿孙福。　　⑥溺爱，孩子犯错舍不得严厉批评。

4．您对孩子目前的学习成绩

①十分满意　②满意　③凑凑合合　④不满意

5．您对孩子学习的关心，常采用的办法

①只关心考试成绩不太关心过程　②很注重过程的培养　③很少关心

④帮助孩子分析成绩失利原因，教育其增强自信心

⑤没有（没有时间、没有这方面经验、根本不去过问）。

二、教育理念（选择方式同“一”）

6．您认为孩子在学习上好的习惯是

①孩子自生聪明　②学习自觉，认真爱思考、善于表达、积极上进

③其它（请补充）：________________________

7．您认为影响孩子学习成绩的主要原因是什么？

①小孩智力　小孩刻苦　③学校及老师　④家长管理　⑤其它

8．您希望老师用什么样的方式对待孩子的学习？

①说教，循循善诱，悉心教导　②严厉的批评　③无所谓只要是为孩子好

9．当孩子向你抱怨学习、老师时，你会怎么做？

①制止并引导他正确看问题　②顺着孩子说　③要孩子从自身找问题　④责骂

10. 您认为家长在培养孩子形成勤俭节约、诚实守信、感恩怀德、文明礼貌、刻苦学习等方面好习惯上起的作用比老师

①大　　②小　　③ 角度不同，同样重要　　④说不清

三、家校协作

11. 在孩子的学习方面，您认为

①把孩子送入学校，就是教师的责任，家长不用管了。

②家长不知道怎么教育，没办法管。

③家长是孩子最好的老师，我们会尽力帮助孩子。

④ 家长与老师的协作非常重要，我们会积极与教师搞好协作。

⑤其它（请补充）：________

12. 如果您的孩子学习成绩不是名列前茅，您希望教师如何帮助您的孩子提高成绩？

①上课多多注意孩子的学习　　②课下多多辅导，可以在家里进行辅导

③还可以以 注意孩子的学习习惯，学习方法的指导。

13. 您孩子的任课教师对孩子的严格要求你是否认可？

①认可　　② 不认可

14. 在学习方面，您经常和孩子交流沟通吗？

①经常交流　　②偶尔交流　　③无法交流　　④ 从不交流

15. 您对孩子在学习上的未来规划是

①从来未想过

②各种办法都尝试过了，只好交给学校和老师了

③经常想，但很头疼，没什么办法

④一直努力，也在积极的想办法，提高孩子的学习成绩

⑤积极与孩子、老师沟通，找出问题，共同提高孩子的成绩

四、宝贵建议：（请尽量针对性强，叙述清楚）

1. 您对自己的孩子在学习方面最满意的是什么？最不满意的是什么？

满意：孩子学习自觉性强，书写上面还不错，懂得整理所学知识。

不满意：在学习思维上仍需要老师讲解，对问题的提问能力须提高。

2. 对孩子的学习教育您的困惑和希望得到帮助的是：

孩子的学习能力应随年龄不断上升，希望老师们加强学生的思维能力与思维方式的培养。

试卷得分率及问题分析研究表

试卷类型：月检测　　**班级：**8.1　　**平均分：**

全班平均分				本次考试成绩		与愿景分的差距分是多少	
大题	小题	知识点或考点	标准分值	实际得分	得分率	问题分析	备注
一、选择题 42分	1	中国近代民主革命发展历程	3分	3	93.33%		
	2	新中国成立的历史意义	3分	3			
	3	没有共产党就没有新中国	3分	3			
	4	新中国成立的历史意义	3分	3			
	5	抗美援朝	3分	3			
	6	抗美援朝胜利的原因	3分	3			
	7	抗美援朝结束的标志	3分	3			
	8	土地改革的原因	3分	3			
	9	土地改革的历史意义	3分	3			
	10	一五计划	3分	3			
	11	一五计划成就	3分	0		未读清题意.	
	12	54宪法	3分	3			
	13	资本主义工商业改造	3分	3			
	14	大跃进 人民公社	3分	3			
	15	文化大革命破坏民主与法制	3分	3			
二、非选择题 58分	16	人民英雄纪念碑	6分	6	100%		
		对碑文的理解	4分	4	100%		
		对青年学生的启示	3分	2	66%		
	17	抗美援朝的开始	4分	4	100%		
		英雄及其精神	4分	4	100%		
		著名战役	2分	2	100%		
		抗美援朝的历史意义	2分	1	50%	不全面.[illegible]	
	18	一五计划	4分	4	100%		
		土地改革 社会主义改造	4分	4	100%		
		大跃进 人民公社	4分	4	100%		
		认识	3分	2	66%	不全面.	
	19	五四宪法的颁布	6分	6	100%		

		宪法的性质	6分	2	33.33%	知识点疏漏
		宪法内容	4分	0	0%	记忆不清混淆
	合计		100分	86		
分析	整体把握还可以，对于1954年宪法理解不到位，成为了主要失分点，以后加强历史事件体系的思考，完善每个知识点在头脑中的形成。 学科长签字：董子睿　　学术助理：罗楠					
	继续努力！建构知识体系 指导教师签字：泡					
备注						

《中国工农红军长征》基础知识评价单

设计人：唐懿　　审核人：张明星　　序号：2-1-13-1

班级：　八年级[redacted]班　　组名 群英　　姓名：蒋婧怡

【基础知识】

类　别	主要内容	掌握程度	备注
学习目标	知识技能： 1．掌握红军被迫战略转移的原因 2．红一方面军长征开始和三路主力红军胜利会师的时间　1934.10. 瑞金　1936.10. 3．遵义会议召开时间和主要内容，遵义会议是中国共产党历史上生死攸关的转折点；1935.1. 4．红军长征的艰苦历程； 过程方法： 5．通过展讲展写红军长征的艰苦历程并结合“中国工农红军长征路线图”，培养概括能力，提高学生的读图能力。 6．通过情景创设把握遵义会议的历史意义，从而培养学生的分析能力。 情感态度价值观： 7．体会长征艰苦的历程中感受红军的革命英雄主义精神和团结协作的团队精神，认识长征精神的深刻内涵 8．体会毛泽东、周恩来等老一辈无产阶级革命家在革命的危急关头力挽狂澜的伟大魄力，感受伟大人格的力量。	√ √ √ √ √ √ √ √	
重点难点	教学重点：中央红军的长征与遵义会议 教学难点：遵义会议与感悟长征精神	√	
关键问题	什么是长征精神？其内涵是什么？作为新时代的一代青少年，我们该如何传承长征精神？	√	
概念性知识	概念1：红军为什么长征？长征开始的时间和标志什么？长征途中经过哪些地方？发生了哪些大事？长征结束的时间和标志什么？长征的意义是什么？ 概念2：遵义会议的内容是什么？遵义会议的伟大意义是什么？ 概念3：指出红军长征路线的特点是什么？红军为什么要选择这样的一条路线？	√ √ √	
原理性知识	定理1：红军长征中遇到了哪些困难？	√	
实践性知识	什么是长征精神？其内涵是什么？作为新时代的一代青少年，我们该如何传承长征精神？	√	
备　　注			

[多元评价]

自我评价	同伴评价	小组长评价	课代表评价	任课教师评价
A	A	A	A	A⁻

问题：红军凭借什么力量，克服长征中的困难？

建议表扬：能为我们多方式呈现长征中的困难。

张

《中国工农红军长征》问题解决评价单

设计人：唐懿　　审核人：张明星　　序号：2-1-13-2

班级：8·1.　　组名：[illegible]　　姓名：[illegible].

【教师预设问题】主要是呈现原理性问题，教师预设，一般是 3~5 个问题

问题 1. 红军长征中遇到了哪些困难？

自然环境恶劣、左倾错误、敌人围追堵截、缺衣少粮.

问题 2. 红军为什么能够战胜长征途中的困难？

对革命的信念、创新精神、革命到底、党的正确领导（遵义会议）

问题 3. 什么是长征精神？其内涵是什么？作为新时代的一代青少年，我们该如何传承长征精神？

革命主义精神、革命乐观主义精神、创新精神、艰苦奋斗.

[多元评价]

自我评价	同伴评价	小组长评价	课代表评价	任课教师评价
A	B	B.	A	A-

《中国工农红军长征》目标达成—评价单

设计人：唐懿　　审核人：张明星　　序号：2-1-13-3

班级：8-1　　组名：群英　　姓名：蒋[illegible]

【目标达成】

类　别	数量	完全掌握个数	没有掌握的个数	没有掌握的原因
概念性知识	1	1	0	
原理性知识	1	1	0	
例　题	1	1	0	
练习题	2	2	0	
习　题	1	1	0	
自我评价	对本课知识掌握较好，能够与前面所学知识相联系。A			

【水平检测】（一般设计 6~8 个题，因学科特点自行调节）

【教师预设】

（C）1. 今年是红军长征胜利 80 周年，下列关于长征过程中发生的事件，按其先后顺序排列正确的是

①遵义会议　②飞夺泸定桥　③强渡大渡河　④巧渡金沙江.

A. ①②③④　B. ②③①④　C. ①④③②　D. ②①④③

（B）2. 2016 年是红军长征胜利 80 周年，红军长征表现出了崇高的长征精神。下面有关长征精神的说法，正确的是

A.战无不胜，百折不挠 B.信仰坚定，意志坚强

C.敢打敢拼，不受拘束 D.视死如归，百战百胜

（B）3. “万里长征路不平，‘左’倾错误总横行，遵城举会端航向，确立毛公统率兵.”该诗描绘的是中共

A. 一大　B. 遵义会议 C. 七大　D. 十一届三中全会

4、诗歌里的长征：

七律·长征

红军不怕远征难，万水千山只等闲。
五岭逶迤腾细浪，乌蒙磅礴走泥丸。
金沙水拍云崖暖，大渡桥横铁索寒。
更喜岷山千里雪，三军过后尽开颜。

回答：

(1)红军“远征”的原因是什么？

第五次反围剿失败。

(2)此诗中的“难”指的是红军遇到的哪些困难？

敌人围追堵截，左倾错误，自然环境恶劣，缺衣少食。

(3)诗中的“三军”指的是哪些部队？

一、二、四方面军。

[多元评价]

自我评价	同伴评价	小组长评价	课代表评价	任课教师评价
A	A	A	A	A

《中国工农红军长征》目标达成—评价单

设计人：唐懿　　审核人：张明星　　序号：2-1-13-3

班级：81　　组名 群英　　姓名：[illegible]

【目标达成】

类　别	数量	完全掌握个数	没有掌握的个数	没有掌握的原因
概念性知识	1	1	0	
原理性知识	1	1	0	
例　题	1	1	0	
练习题	2	2	0.	
习　题	1	1	0.	
自我评价	对本课知识掌握较好，能够与前面所学知识相联系。 A.			

【水平检测】（一般设计 6~8 个题，因学科特点自行调节）

【教师预设】

（C）1. 今年是红军长征胜利 80 周年，下列关于长征过程中发生的事件，按其先后顺序排列正确的是

①遵义会议　②飞夺泸定桥　③强渡大渡河　④巧渡金沙江.

A. ①②③④　B. ②③①④　C. ①④③②　D. ②①④③

（B）2. 2016 年是红军长征胜利 80 周年，红军长征表现出了崇高的长征精神。下面有关长征精神的说法，正确的是

A.战无不胜，百折不挠　B.信仰坚定，意志坚强

C.敢打敢拼，不受拘束　D.视死如归，百战百胜

（B）3. “万里长征路不平，‘左’倾错误遍横行，遵城举会端航向，确立毛公统率兵.”该诗描绘的是中共

A. 一大　B. 遵义会议　C. 七大　D. 十一届三中全会

4．诗歌里的长征：

七律·长征

红军不怕远征难，万水千山只等闲。
五岭逶迤腾细浪，乌蒙磅礴走泥丸。
金沙水拍云崖暖，大渡桥横铁索寒。
更喜岷山千里雪，三军过后尽开颜。

回答：

(1)红军“远征”的原因是什么？

第五次反围剿失败。

(2)此诗中的“难”指的是红军遇到的哪些困难？

敌人围追堵截、左倾错误、自然环境恶劣、缺衣少粮。

(3)诗中的“三军”指的是哪些部队？

一、二、四方面军。

[多元评价]

自我评价	同伴评价	小组长评价	课代表评价	任课教师评价
A	A	A	A	A

2．学科有效预习笔记

班级：8.1	学科：历史	课题：新文化运动．
课前预习	课堂笔记	课后总结
1. 原因："尊孔复辟" 2. 陈独秀．《新青年》． 北京大学．(蔡元培，兼容并包) 3. 民主→专制 科学→愚昧 新文学→旧文学 新道德→旧道德 4. 后期 首先宣传马克思主义 李大钊 5. 意义．	1. 背景：巩固辛亥革命成果． 困难． 2. 时间．人物．口号． 3. 特点．内容．性质． 4. 斗争方头？ 5. 标志．前期．后期 6. 主阵地． 7. 影响与意义．	中国人民探索： 求器物—洋务运动、 学制度—戊戌变法、君主立宪 辛亥革命．民主共和、 学思想文化—新文化运动．民主科学．
困惑问题 1. 新文化运动理解困难， 2. 3. 特别是意义！	出错问题 1. 标错． 2. 3.	未解决问题 1. 无． 2. 3.
自我反思评价：A+　产生了问题　学习中解决了问题．		

3．作业评价与分析表

<table>
<tr><td colspan="3">课题名称：新文化运动.</td><td colspan="3">时间　2017. 11.</td></tr>
<tr><td colspan="3">自主作业</td><td colspan="3">存在问题</td></tr>
<tr><td colspan="3">1.《基础知识评价单》的问题可以根据教材独立完成，完成效果好.
2.《问题解决评价单》的问题2的第二小问题，要根据材料与教材信息获取，问题3.黑暗产生的原因是什么？我未答到外国入侵，仅看到北洋军阀.</td><td colspan="3">如何从整体上理解中国人民近代追求救亡图存的方法的进步趋势是什么？</td></tr>
<tr><td colspan="6">出错问题：
1.　《问题解决单》问题2的二问与问题3.
2.　和《目标达成评价单》1、9.
3.</td></tr>
<tr><td>自我评价</td><td>A</td><td>同伴评价</td><td>A</td><td>小组长评价</td><td>A</td></tr>
</table>

历史学科
学生个人反思与总结

（填写要求：根据开学以来学习，结合考试反思和总结，要求客观、准确。）

一、学习态度（自己对历史学科学习的态度和投入度）

1．时好时坏（　）　2．按部就班（　）　3．全力以赴（√）

二、学习过程：

1．课前预习情况

要求：阅读教材是体现了阅读的要求、能够理解课题的三维目标、能对老师导学提出建议、对预习作出自我评估、找出疑点。

[执行情况]

达成。

2．课堂学习情况

要求：

①讨论时能够解决组内问题。

②在展示交流中能够多元呈现、表现优异，能够质疑补充解决其他组的问题、产生自豪感和荣誉感

③根据老师的设问积极思考，老师要求讨论时积极围绕问题讨论，发言时认真大胆严肃，贴近问题用学科语言清楚有序表达，且不受他人影响。课堂练习要快速进入，认真完成；

④遇到的疑点标注清楚，课后在师生帮助下及时解决，确保问题不过夜！

⑤力争对学习内容不断梳理，一定要明白重点是什么？自己的收获是什么，存在的疑点是什么？

[执行情况]

完成。

3．对笔记的处理

课堂笔记是学习进程中的临时笔记、简要笔记，课后消化时应该作二次处理，既加强理解、记忆，又可让知识网络完整，还能把疑点、盲点解决，为后续学习复习打下坚实基础。

[执行情况]

完成。

4．课后作业（含周练）

课外作业是在根据课堂笔记消化梳理后再对本课时学得的知识、方法进行运用的载体，任何学科都离不开课外作业对所学知识、方法进行检测，巩固学习成果。课外作业还是对知识、方法进行迁移运用、形成能力不可或缺的手段。认真、及时、高效，保质保量完成课外作业，在这一活动中我们对知识、方法、思想进行第三次再加工，因此独立思考、积极思考、用于探究是学科素质形成的重要阶段。

[执行情况]

未做课外作业.

5．拓展学习：

利用教辅资料进行自主学习，是根据个体情况自主选择的一种学习形式。每个同学的接受能力、学习能力、个性品质有差异，目标也有差异，我们不作统一要求。在确保前面学习质量和在高质量完成《基础知识评价单》、《问题解决评价单》、《目标达成评价单》前提下，只需根据个人情况选择，每个假期是学生进行自主学习和提升的黄金时期。

执行情况：

假期进行预习.

6．**对错题本的整理与运用**

学习过程是一个不断解决问题的过程，做的不好的题和会而做错的题要反思，搞懂知识与方法，本质地认识错误或问题发生的原因，及时纠错，这些问题也不一定一次就解决过手，过段时间再做也会才是硬道理。做错题本是一种有效和高效的学习方式，是学生快速提升的重要途径之一。错题本做了要用，反复使用直至过手、定时也能得满分为止。

✓

［执行情况］

整理与运用良好.

三、个性品质发展

学好历史必须具备良好的个性品质（同学们可以交流补充）：

①抗拒诱惑、精心治学、刻苦学习、不怕困难、勇于担当、全力以赴的品质；

②阳光向上，心态平和，羡慕而不嫉妒，反思而不自卑，遭遇困难而不怕困难，正视
问题积极行动，具有踏实而且务实、落实的品质；

③尊重课堂、学伴，尊重老师的指导、谦虚守信的品质，遵守学习计划、学习规律，
合理安排时间、善于利用琐碎时间；

④敢于质疑、杜绝不懂不问，正视错题、坚决纠错，发展有序思考、能解会说、批判性思考的品质，不断反思、归纳总结、优化前行；

⑤重视学习过程，重视基础、书写表达，力求还原历史本质、深刻领悟历史思想的品质。

［对比自查］

①.②.③.④.⑤.

优秀.　还需进一步努力.

四、学习调整关键点：

1. 保持现在状态与学习方式.

2. 不断提升思考问题的角度与深度.

五、对班级和唐老师的建议：

1. 加强历史试题的信息量.

2. 多让我们做一些有深度的试题、

3. 可以更换我们班主动使用的内容. 希望能助我们设计.

《新文化运动》基础知识评价单

设计人：唐懿　　审核人：张明星　　序号：2-1-9-1

班级：八.一　　组名 群英　　姓名：[illegible]

【基础知识】

类　别	主要内容	掌握程度	备注
学习目标	**知识技能：** 1. 了解新文化运动兴起的背景，识记新文化运动兴起的标志、主要阵地、代表人物、旗帜、活动基地。 2. 概述新文化运动的主要内容，探究新文化运动在近代中国思想解放中的地位和作用。 **情感态度价值观：** **过程与方法** 1. 通过对新文化运动的分析，指导学生从历史背景出发，联系具体内容，分析其作用与影响，从而提高学生分析问题的能力。 2. 引导学生通过对材料的分析和解读得出结论，做到论从史出，以培养学生阅读、理解、分析材料的能力。 **情感态度价值观** 1. 通过对新文化运动的教学，使学生认识到新文化运动的兴起，是中国资产阶级为打破封建束缚而在思想文化上开展的启蒙运动，是反封建旧文化的斗争。它动摇了封建制统治地位，在社会上掀起一股思想潮流，弘扬民主和科学，为五四运动爆发作了思想准备，在国内外产生巨大的影响。 2. 通过新文化运动的代表人物事迹的介绍与分析，培养学生的爱国主义情感和社会责任感，以及为拯救国家、改造社会不断追求真理的精神。	✓ ✓	
重点难点	新文化运动的内容　新文化运动的影响	✓	
关键问题	如何理解新文化运动是一场思想启蒙运动？	✓	
概念性知识	概念1：新文化运动兴起的背景是什么？其标志事件是什么？代表人物有哪些？主要阵地是什么？新文化运动的口号是什么？	✓	
原理性知识	定理1：新文化运动的内容是什么？	✓	
实践性知识	如何评价新文化运动？	✓	
备　注			

问题：
对新文化运动的理解距离我们现实太远，新文化运动的评价理解比较困难。

[多元评价]

自我评价	同伴评价	小组长评价	课代表评价	任课教师评价
A	A.	A	A	A

10.25

《新文化运动》问题解决评价单

设计人：唐懿　　审核人：张明星　　序号：2-1-9-2

班级：八·一　　组名 群英　　姓名：蒋文韬

【教师预设问题】主要是呈现原理性问题，教师预设，一般是 3~5 个问题

材料一："一曰，须言之有物。二曰，不摹仿古人。三曰，须讲求文法，四曰，不作无病之呻吟。……"

——胡适的《文学改良刍议》

材料二："我们也知道单有白话未必就能造出新文学；我们也知道新文学必须要有新思想做里子。但是我们认定文学革命须有先后的程序：先要做到文学体裁的大解放，方才可以用来做新思想、新精神的运输品。"

——陈独秀的《文学革命论》

问题 1.

（1）上述两则材料反映了新文化运动中的哪方面的内容？

文学革命。提倡新文学，反对旧文学。　新文化运动内容四点中选择，史论结合。

（2）根据材料一、二，结合所学知识，简要指出陈独秀、胡适的新文学观点？

主张文学改良，主要是内容和文体方面。　论从史出。

大学者，"囊括大典，网罗众家"之学府也。《礼记》《中庸》曰："万物并育而不相害道并行而不相悖。"足以形容之。如人身然，官体之有左右也，呼吸之有出入也，骨肉之有刚柔也，若相反而实相成。各国大学，哲学之唯心论与唯物论，文学、美术之理想派与写实派，计学之干涉论与放任论，伦理学之动机论与功利论，宇宙论之乐天观与厌世观，常樊然并峙于其中，此思想自由之通则，而大学之所以为大也。

——蔡元培《〈北京大学月刊〉发刊词》

问题 2.

（1）蔡元培是在什么样历史背景下提出材料中观点的？

中华民国刚成立，思想上需要清除专制思想；　时空观念。

（2）材料表明蔡元培的新思想是什么？它的实质是什么？

根据材料，结合教材，综合分析。

学术、思想自由。　兼容并包，促进资产阶级思想文化传播，推动思想解放

（3）想一想，蔡元培的新思想，对当前我国推进核心素养教育有何借鉴意义？

鼓励创新，提倡学术研究，倡导思想自由。

①《青年杂志》　②《民报》　③《新青年》　④《每周评论》　⑤《中外纪闻》
A．①②⑤　　B．②④⑤　　C．①③④　　D．②③⑤

12．新文化运动是我国历史上空前的思想大解放运动。这里的“思想大解放”是指（B）
A．最先对传统的闭关锁国思想提出挑战　　B．促使人们追求民主和科学
C．使民主共和的观念深入人心　　D．抛弃“以阶级斗争为纲”的方针

13.阅读材料回答问题：

材料一　梁启超《五十年中国进化概论》中说：“近代五十年来，中国人渐渐知道自己的不足了……第一期，先从机器上感觉不足……于是福建船政学堂、上海制造局等渐次设立起来……第二期是从制度上感觉不足……第三期便是从文化根本上感觉不足。”

材料二　史学界普遍认为，至1919年以前，中国近代化历程由学习西方的军事器物，到学习西方的政治制度，再到学习西方的思想文化，经历了三个阶段，在经济、政治、文化领域全面启动，逐步深入展开。

（1）根据材料一、二并结合所学知识完成下表：

梁启超的分期	史学界的观点	相关重大的历史事件
中国人自知不足第一期	学习西方的军事技术	洋务运动
中国人自知不足第二期	学习西方的政治制度	戊戌变法　辛亥革命
中国人自知不足第三期	学习西方的思想文化	新文化运动

（2）根据你对材料的理解，结合所学知识，从1919年以前中国近代化历程的第二、三阶段中任选一名领袖式的、有代表性的历史人物，说明他为了中国的近代化，为了改变中国的“不足”做出了哪些努力？

孙中山　创建共和．推翻清朝．结束封建君主制

[多元评价]

自我评价	同伴评价	小组长评价	课代表评价	任课教师评价
A	A	A	A	A

《新文化运动》目标达成—评价单

设计人：唐懿　　审核人：张明星　　序号：2-1-9-3

班级：　　组名：　　姓名：

【目标达成】

类　别	数量	完全掌握个数	没有掌握的个数	没有掌握的原因
概念性知识	8	8	0	
原理性知识	3	1	2	未全面分析
例　题	8	8	0	
练习题	3	1	2	未全面分析，知识联系不上
习　题	1	1	0	
自我评价	A 认真预习，认真与同学学习			

【水平检测】（一般设计 6—8 个题，因学科特点自行调节）

1．有人说新文化运动是戊戌变法和辛亥革命的继续，其含义是指（B）

A．坚持反封建　　B．倡导学习西方　　C．反对尊孔复古　　D．主张民主共和

2．下列关于新义化运动的意义的表述，不正确的是（D）

A．是我国历史上一次空前的思想大解放运动　　B．它促使人们追求民主与科学

C．它为马克思主义在中国的传播创造了条件　　D．成为新民主主义革命的开端

3．新文化运动的斗争锋芒指向（C）

A．帝国主义　　B．资本主义　　C．孔.教　　D．维新思想

4．新文化运动兴起的直接原因是（D）

A．民族资本主义的发展　　B．辛亥革命的失败

C．西方民主、自由思想的传入　　D．袁世凯掀起复古逆流

5．袁世凯窃取个辛亥革命实后，大力推行的封建思潮是（B）

A．西方学说　　B．孔子之道　　C．三民主义　　D．孟子之道

6．新义化运动的主要阵地处陈独秀创办的（A）

A．《新青年》　　B．《青年文学》　　C．《每周评论》　　D．《文化报》

7．新文化运动中，激进的民主主义者高举“科学”大旗，其直接目的是（B）

A．反对专制　　B．反对愚昧　　C．反对旧道德　　D．反对旧文学

8．1918 年，在《新青年》上发表《庶民的胜利》和《布尔什维主义的胜利》两篇文章，颂扬俄国十月革命的是（A）

A．李大钊　　B．陈独秀　　C．鲁迅　　D．胡适

9．新文化运动时期，陈独秀等先进知识分子在思想上强调（　）

A．用暴力反击复古尊孔逆流　　B．用改良的方法进行新文化运动

C．民主与科学并重　　D．用马克思主义作为精神武器

10．新文化运动后期的主要内容是（B）

A．提倡民主科学　　B．在中国传播马克思主义

C．提倡新道德，反对旧道德　　D．提倡新文化，反对旧文化

11．某历史学习小组要查阅新文化运动的相关资料，下列刊物中，他们应选择的是（C）

材料一：孔子与宪法，渺不相涉者也。吾今于此标题，宁非怪诞之尤？然于怪诞标题之前，久已前有怪诞之事发见。……怪诞之事实者何也？则宪法草案中规定"国民教育的孔子之道为修身之大本"之事是也。

——引自李大钊《孔子与宪法》

材料二：西洋人因为拥护德、赛两先生，闹了多少事，流了多少血，德、赛两先生才渐渐从黑暗中把他们救出，引到光明世界。我们现在认定只有这两位先生，可以救治中国政治上道德上学术上思想上一切的黑暗。若因为拥护这两位先生，一切政府的压迫，社会的攻击笑骂，就是断头流血，都不推辞。

——引自陈独秀《本志罪案之答辩书》

问题 3

(1)材料一中"怪诞之事实"发生在谁的统治时期？这种"怪诞之事实"具体指文化领域推行的什么政策？

袁世凯．北洋军阀统治时期　尊孔复辟．

(2)材料二中的德先生、赛先生分别指什么？其所谓的"光明世界"指一种怎样的社会形态？

民主与科学．　资本主义社会

(3)试分析当时中国一切黑暗产生的原因是什么？为了抵抗黑暗，为此他们在运动中有哪些行为？

帝国主义侵略．北洋军阀黑暗统治．

行为：前期—提倡民主与科学．反对专制与愚昧．提倡新道德．反对旧道德．提倡新文学反对旧文学．后期—宣传马克思主义．

[多元评价]

自我评价	同伴评价	小组长评价	课代表评价	任课教师评价
A	A	A	A	A+

[illegible]

第六章

基于核心素养的课堂学习方案设计

在培育核心素养的教学视野下，我们如何设计课堂教学方案是一个具有挑战性的现实课题，如何在课堂教学设计中贯彻核心素养的三大方面、六大要素、十八个基本点呢？这是我们共同关注的一个热点和难点问题。本章就如何进行科学设计给予操作性指导。

“方案设计”是指课堂学习方案设计。这里所说的课堂学习不是我们所认为的传统意义上的课堂教学，更确切地说，这里的课堂教学或课堂学习不是“教师导学”视野下的课堂教学，而是由“教”的课堂向“学”的课堂转型后的课堂学习，或者是正在向“学”的课堂转型时期的课堂学习。一般而言，不称作“课堂教学”，而是称为“课堂学习”，在这种以学习者学习为本的课堂学习中，不存在完整意义上的教师的“教”，而是教师和学生逐步学会有效学习，教师是“大同学”，和学生共同围绕所解决的“问题”开展多元化学习活动。从课堂层次上看，不是以教师为中心的课堂教学，也不是以学生为中心的课堂教学，而是以学习者学习为中心的课堂学习。基于上述理解，这里的方案设计是指体现核心素养的“以学习者学习为本的课堂”的方案设计。由此看出，其方案设计也是动态发展的设计，而不是一种静态设计。在设计原则上体现发展性、问题性、结构性和科学性，要求不同阶段、不同层次的教师在方案设计时尽可能体现这些原则，使方案设计体现核心素养，更加符合学生学习规律，不仅要给学生有效学习提供有效的学习行动路线图，还要为教师专业成长搭建持续发展的平台。本章的主要目的是让广大教师学会课堂学习方案设计法，掌握课堂教学方案设计的特点和评价方法，以便设计出符合学生发展、教师成长需要的高质量作品。

一、何谓课堂学习方案设计

课堂学习方案设计是针对某一主题内容组织学生开展有效学习的整体性、过程性和科学性、系统化设计，体现设计者的教育思想、教学理想、学习思路、导学策略、指导经验、指导智慧和教学风格以及教学艺术等。在体现核心素养的课堂教学视野下，教师首先要明确“以学为本、先学后导、全面发展”的核心理念及含义，其次要明确“先学后导—问题评价”有效教学模式的真实含义，这种教学是以问题学习为主线、以评价学习为手段、以任务驱动为途径、以团队学习为平台的一种新型学习模式。整个教学思路或学习思路是师生共同以问题发现、问题生成、问题解决、问题拓展学习为主要“脉络”进行学习，而不是教师要给学生讲授哪些知识，如何讲授哪些知识等；再次是教师要明确不同课型及流程含义，如“问题发现评价课”有哪些基本流程，“问题生成评价课”有哪些基本流程，“问题解决评价课”有哪些基本流程等。在掌握以上三点的基础上，还要掌握课堂学习方案的主要组成模块，具体包括学习目标、重点难点、关键问题、教学方法、教学准备、过程设计（或称过程编排）、参考文献和附件等。其中，附件中主要包含学生学习所用的各种问题学习工具单，如《基础知识—评价单》《问题解决—评价单》《目标达成—评价单》和《水平训练—评价单》等。

目前，有许多教师对教案、导学案和课堂学习方案等三者的区别不太清楚，误认为都是一回事，是“换汤不换药”，其实，三者是有本质区别的。下面对三者的不同点做如下解释：课堂学习方案设计与教案、导学案都不同，有着本质性差异，其设计理念和思路以及方法都有很大差异。

教案是教师履行教学任务而设计的一种教学方案，出发点是从教师角度设计如何让学生接受知识、如何让学生明白所学知识，通过教师的教来达到实现教学目标的目的。教案是教师的教学行动方案和路线图，很少研究和顾及所有学生的发展需要，难以满足学生个性发展的需要。

导学案比教案有一定的进步，使教师单纯的知识教授有了一定的发展，设计思路是在教师指导下让学生进行自主合作探究学习，当学生不能理解和掌握时教师要进行讲授或指导。导学案的进步在于教学方案设计中“嵌入”了自主学习、合作探究学习等要素。但是，导学案仍然属于教师导学视野下的一种封闭性方案设计，不能完全适用于所有年级的学生，不能满足不同程度学生的发展需要，尤其是当学生自主合作探究学习能力提升后，再使用导学案将影响学生学习能力的提升。

课堂学习方案设计是“问题导学”视野下的为实现师生共同

学习而开发设计的一种结构化设计方案。从学生能力角度，学生在教师指导下基本学会自主合作对话探究学习，每名学生都具备一定的自主合作对话探究学习能力，同时学会“问题发现、生成和解决”学习；从教师专业角度，教师课堂角色发生实质性变化，教师基本学会智慧导学，也学会《问题学习工具单》开发与设计。当学生和教师都具备上述能力后，教师就可以开发设计课堂学习方案。严格来说，课堂学习方案是指“问题导学型”课堂学习方案，不是教师导学型课堂学习方案设计。课堂学习方案主要由“学习过程设计”和“问题学习工具单”两部分组成，过程设计和问题工具是分离的，不像导学案一样，学习过程方法与知识点“掺”在一起。这种分离的目的就是逐步让学生形成“问题”式自主合作对话探究学习能力，为实现“自我导学”奠定基础，为学会终身学习奠定基础。下面用一种“导学”为主线的课堂发展境界图示来表示不同境界所用的教案、导学案及课堂学习方案、工具等，对读者的理解会有一些帮助。

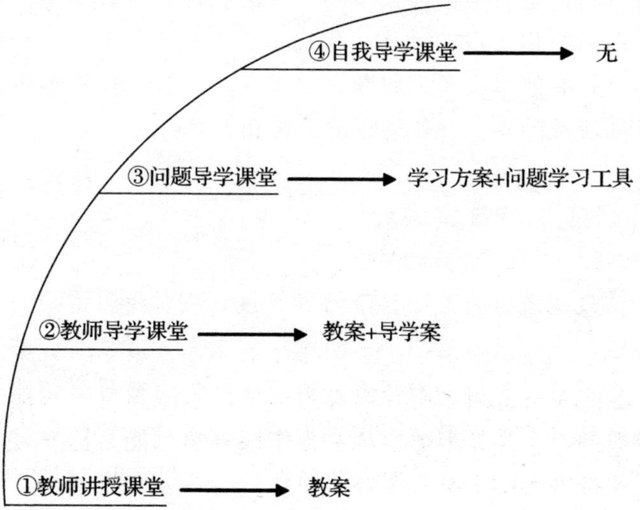

这里要给大家做三点解释：一是四种境界之间的关系，导学图示中有四种境界，它们之间是递进发展的关系，一般情况下是难以实现跨越的，因为境界提升的背后是教育理念、教师角色、教学行为等一系列内涵性“东西”在支持。只有按事物发展规律进行提升才是科学的，如果违背科学而去模仿和复制，恐怕难以取得理想效果。建议实施导学案教学的学校尽快走向“问题导学型”课堂境界，仍然实施“教师讲授”的学校加大力度、挑战自我，可以直接探究“问题导学课堂”境界，但是不要盲目去追求“学生自我导学课堂”。二是从“教师导学”向“问题导学”的发展是相对容易的，教师教学重心下移到师生共同解决问题，教师在教案编写基础上采用新的课堂学习方案设计法，大胆地设计课堂学习方案，同时将“导学案”按“问题”分类及含义要求创新为《问题学习工具单》。三是“课堂学习方案”与“问题学习工具”之间的关系。它们两者之间是相互补充和完善的关系，“问题学习工具”是教学目标和学习任务的载体，是教学重点、难点突破的以问题化呈现的载体，聚焦了教学内容的核心问题。“学习方案”是有效解决系列问题、实现教学目标、促进学生发展和促进教师成长的具体操作性行动思路和方案。

二、课堂学习方案设计法

如何规范进行有效课堂学习方案设计呢？我们将采用结构化设计方法，设计重点是围绕“问题”解决而开展什么样的学习活动，在学习活动过程中教师将采取什么样的有效导学策略，使学生和教师将“问题”解决得更加有效，通过“问题”解决使学生实现“三维目标”，充分体现结构性、人文性和科学性。学习方案设计的主要模块分“表”“本”“附”三个部分，“表”的部分包括学习目标、重点难点、关键问题、教学方法、教学准备等；“本”的部分主要指“学习过程”等。由于“表”的内容在《问题工具单》开发时已经都涉及，并已经全部设计了，可以从《问题工具单》那里复制或粘贴即可。“本”的部分内容需要系统化设计，在《问题工具单》和“学习过程”设计的谁先谁后关系方面，我们要明确指出，教师要先根据教学内容、课时数和可行需要来开发设计《问题工具单》，在此基础上再根据课时数和课型来设计学习过程。“学习过程”设计中主要包括“程序（或要素、环节）”“时间”“创设情境”“教师导学行为”和“期望的学生学习行为”等内容。设计思路就是在什么样的环节或流程中需要多少时间，需要创设什么样的情境，在此情境下教师将如何进行问题导学，同时期望学生将如何进行有效学习。“附”的部分是指“参考文献”和《问题工具单》。在这里，我们主要针对“学习过程”提供一种学习方案设计法，即“编辑—导演—演员”三位一体设计法。

（一）“问题解决评价课”的流程和教师导学艺术

在“新授课”上主要是教师系统讲授知识，通过教师讲授让学生接受知识，关注课堂 45 分钟的授受效率，忽视了培育学生核心素养。而在以学习者学习为中心的课堂视野下最主要的、最常用的课型是“问题解决评价课”，这种课型的主要课堂学习过程是师生共同开展合作讨论学习、组间展讲对话学习，教师以“大同学”的身份和姿态介入课堂合作学习，通过师生之间的真诚合作、真诚对话达到师生共学、师生共展的目的，从而培养师生有效解决问题的能力。所以，二者在本质上有重要差异。“问题解决评价课”是基本课型，是培育核心素养最重要的课型，是完成学习任务的主阵地。

“问题解决评价课”是培育核心素养、完成学业任务最基本、最常用、最核心的一种课型。本课型是学生在完成“基础知识评价课”的基础上所采用的主要课型，也是核心课型，重点体现合作探究、展示对话学习和问题解决等特征。主要是通过师生合作来解决教师预设问题、师生生成问题以及学生生成问题，从而培养学生分析问题、解决问题的能力。要通过问题解决来达到知识建构、能力提升、促进成长的目的。

一般而言，要上好“问题解决评价课”，前提是上好“问题发现评价课”或“问题生成评价课”。在这个课型的课堂中，第一是教师帮助学生创设情境，回顾文本，呈现问题；第二，师生围绕《问题解决—评价单》上的问题进行小组讨论、合作探究；第三，组织各小组学生进行展示对话，通过展示型问题对话学习，逐一解决《问题解决—评价单》上的问题，教师要见机指导学生有效理解问题、有效解决问题；第四，在“问题”解决基础上，组织开展多元化训练，在规定时间内让学生完成《水平训练—评价单》上的问题训练，或者采用高级思维训练法进行“仿、改、编”题训练；第五，让学生小组通过讨论后进行归纳概括，提升学习意义。

要上好“问题解决评价课”，就要培养学生的新学习能力，课前应完成《基础知识—评价单》，然后教师和学生共同上“问题解决评价课”。这种课型旨在进一步帮助学生发现问题，分析问题，解决问题，巩固知识，提升能力。

1. 学习者教师课前准备行动

行动 1. 教师树立“师生共备共学、合作解决问题”的学习意识。

行动 2. 教师要明确本课型课堂学习流程和各流程所需时间，设计《“问题解决评价课”课堂学习方案》。对本堂课中每个环节所需时间，做出精当的设计，如小组讨论需要多少时间，每个问题展讲解决需要多少时间，教师要补充哪个问题，补充需要多少时间。

行动 3. 教师预设拟采用的各种智慧导学行动策略，小组讨论“12345＋2”策略、展示对话学习“六字诀”、高级思维训练学习策略、六种激活策略等。

行动 4. 教师开发本课所使用的《问题解决—评价单》（开始阶段教师根据教学目标预设问题，逐步将学生生成问题与教师预设问题进行整合）和《水平训练—评价单》。

行动 5. 教师或学术助理提前一天下发《问题解决—评价单》，以便让学生二次结构化预习。

行动 6. 教师角色和心态适应“问题导学”型学本课堂所提出的要求。

行动 7. 教师预设如何让小组团队及各个角色职能发挥合作学习的作用。

行动 8. 教师对小组合作学习寄予高期望，充满高期待，期望学生能够圆满解决问题，尤其是对“弱组”和“潜能生”要事先给予关注。

2. 学习者学生课前准备行动

行动 1. 学生能够充分利用课前预习时间，结合《问题解决—评价单》进行二次结构化预习，基本解决教师预设问题。

行动 2. 把结构预习课没有完成的课后作业全部完成。

行动 3. 小组内学科长、组长高度负责，对每位成员的二次预习效果进行检查，即对《问题解决—评价单》进行评价。

行动 4. 学术助理要高度负责，建立五元评价机制予以保障，提高小组同学的本课学习起点。

“问题解决评价课”学习过程设计（第×课时）

程序（要素）	时间	创设情境	教师行为	期望的学生行为
一、创设情境，问题呈现	1—3分钟	问题呈现（提前一天发单子，学生完成）情境	学生主持组织起立，齐喊口号愿景。利用PPT提出本课学习要求，引导学生进入本主题学习，达到激发兴趣的目的；“大同学”教师根据课前《学生工具单》上解决问题的情况，提出本课学习的相关要求。	学生能积极进入状态，准备讨论问题。
二、自主学习，合作讨论	5—8分钟	创设讨论学习情境	学生主持组织“解决型”小组合作讨论。如果学生课前对工具单完成得不好，可以在课中继续完成《问题解决—评价单》。讨论探究可采用“12345＋2”策略。“展写”放在这个过程中，即讨论中“展写”。学生讨论不充分时可以延长。 在学生讨论时“大同学”教师要逐组巡查，教师要作为角色之一参与进去，引导学生进行讨论。对×××同学加以关注和指导。	在组内由学科长组织讨论，解决不了的问题可以在组间交流。学生根据教师创设的情境，围绕工具单上的问题分组展开积极讨论。讨论中展写。

续　表

程序（要素）	时间	创设情境	教师行为	期望的学生行为
三、展示交流，规范评价	15—20分钟	创设展讲学习情境	学生主持组织展讲解决。下面由小组内部派代表展示，时间为××分钟。 1. “大同学”教师视学生展示情况给予智慧介入和评价，千万不要干预太多。对小组难以解决的问题进行引导，并对重点进行拓展延伸。 2. 对小组展讲不清楚、不到位的以学习者身份进行补充，或采用激活策略。 3. 引导学生生生质疑，关注×××同学的表现。	1. 展示时要遵循“展、思、论、评、演、记”六原则。 2. 在小组展示时，各小组成员要认真倾听其他小组的观点，积极思考并及时质疑追问。 3. 小组合作表演完成。
四、问题训练，评价指导	5—12分钟	创设问题训练情境	当堂下发《问题训练—评价单》。学生自主完成训练题目（训练题目可放在《问题解决—评价单》上，最好设置《问题训练—评价单》），或者采用高级思维训练学习策略进行“仿改编”训练。	学生积极主动并自主完成。

续　表

程序（要素）	时间	创设情境	教师行为	期望的学生行为
五、归纳总结，提升意义	1—3分钟	创设总结情境	归纳知识收获，让学生谈谈学完此课的情感收获、知识收获。	每个小组对本科学习收获进行归纳总结。

3．课堂流程和导学行为要求

本课具体分五个流程，在每个流程中教师要把握时间，按秒计算，根据需要实施“问题导学”智慧型行动策略，引导学生进行有效的合作探究、展示对话学习；学生按要求在规定时间内努力完成各个阶段的学习任务，实现本课学习目标。

基本流程如下：

· 创设情境，回顾问题（1—3分钟）
· 合作讨论，问题探究（5—8分钟）
· 展示对话，规范指导（15—20分钟）
· 问题训练，合作评价（5—12分钟）
· 归纳概括，提升意义（1—3分钟）

具体操作过程如下：

◆第一流程：创设情境，问题呈现（时间为1—3分钟）

在这个流程中，学生主持、教师创设或师生共同创设情境，利用适当方式（PPT等）引导学生进入本主题学习，达到激发兴趣的目的；同时，“大同学”教师或学生主持了解《课前工具单》解决“问题”情况，并提出本课学习的相关要求。

◆第二流程：自主学习，合作讨论（时间为5—8分钟）

在这个流程中，学生主持要组织学生主动根据《问题解决—评价单》进行自主学习（如果课前完成后可以直接进入讨论），然后，各小组可采用讨论学习“12345”策略进行“解决型”讨论。在组内由学科长主持、小组长协助共同组织讨论，对解决不了的问题可以在组间交流。当讨论到2/3时间段时，学生主持给各组分配展讲任务，讨论进入专题讨论阶段。各学科长派代表进行“展写”，“展写”（即把研究的结论或问题得出的答案写在黑板或组板上）放在这个过程中，即讨论中“展写”。当学生讨论不充分时可以延长，人人做好“预展”。这个时间段，学术助理和“领袖”学生与“大同学”教师一样在组间巡回指导，提供有益的帮助，以提高单位时间学习效益。

◆第三流程：展示交流，规范评价（时间为15—20分钟）

在这个流程中，各组按学生主持下达指令的问题加以解决，进行有序有效的展讲对话学习，或者学生小组自由自发地采用展讲对话方式解决问题。各组在展讲时要按“展—思—论—评—演—记”六字诀进行，认真落实“1＋3＋1”展讲模式，要注意规范展示、注重礼仪。尤其在语言表述上注重话语结构，要体现破冰语、陈述语、讨论语和结束语。展讲者是问题解决的“承包者”，代表小组展讲后要引发讨论，使问题得到科学、规范而又系统的解决。当学生对话完成不到位时，“大同学”教师要根据实际情况举手示意，给予规范指导和补充。另外，当学生之间不能形成讨论对话系统时，教师可采用“激活”策略，如采用“煽风点火”策略、“挑拨离间”策略、“小纸条”策略、“二次讨论”策略。

展示对话过程中，学生小组可以根据需要进行集体展示，采用多元化组合展示方式，有人主持，有人展讲，有人提问，有人编题，有人表演，最终使问题逐一得到有效解决。

◆第四流程：问题训练，合作指导（时间为5—12分钟）

在这个流程中，学生主持将教师设计好的《问题训练—评价单》发给所有同学，由各个小组自行组织在单位时间内独立完成。完成后有两种评价方式：一是开放性训练，各自完成后组内开展讨论和交流，然后开展组间展评学习，核对结论，评价正误，探寻原因，教师给予适当指导；二是封闭性训练，教师集中统一评阅，统计分数，以便分析课堂学习效果。

当学生具备了一定的能力后，教师可以不使用《问题训练—评价单》进行训练，而是可以鼓励或动员学生，以个体或小组为单位自主编题，同时采用循环解题方式进行展示型解决，拓展问题内容，提高学生的逆向思维能力或多元思维能力。教师可根据需要进行指导评价。

教师要课前开发、设计“小挑战单”，印刷份数不宜过多，假如有5名能力超常学生，就印刷8份左右，采用激励性评价方式，鼓励更多的学生参与挑战，但是不能强求。

◆第五流程：归纳概括，提升意义（时间为1—3分钟）

让学生以个体或小组为单位归纳知识收获，提升学习意义，实施课堂评价，落实学习任务。采用先讨论后展示的方式，让学生代表畅谈生活意义和情感意义。要求学生采用结构化语言表述出来，如本课学习收获一是什么，二是什么，三是什么等。结构化语言是指按一定的逻辑结构和逻辑顺序进行表达的语言。话语模板如下：“同学们大家好！通过本课的学习，我们组有以下收获：一是……；二是……；三是……。”要通过此话语模板训练，培养学生的结构化思维能力及表达、写作能力等。

附件1：

山西省大同市云岗中学成功案例分享①

下面就以“问题解决评价课”为例进行简说。

课型：问题解决评价课

导学教师：张海峰

课时：第二课时

★如何按课型流程上好“问题解决评价课”

以语文学科《背影》一课为例，谈谈如何按课型流程上“问题解决评价课”。

这种课型分五个流程，在每个流程中都要严格把握时间，根据需要实施“问题导学”智慧型行动策略，引导学生进行有效的合作、探究、展示对话学习，学生按要求在规定的时间内努力完成各个阶段的学习任务，实现本课的学习目标。具体操作如下：

第一流程：创设情境，问题呈现（时间：3分钟）

师生共同创设情境，引导学生进入本节课的学习，达到激趣引思的目的。然后在上节课（问题生成解决课）的基础上，学科助理利用实物投影仪，首先，呈现学生所生成的问题：(1) 请说说作者在文中是怎样描写父亲的背影的，为什么对这个背影写得这样详细。(2)“我与父亲不相见已二年余了”包含着“我”怎样的感情？(3)“我最不能忘记的是他的背影”“最”字能否去掉？为什么？(4) 为什么安排第二、三节？(5) 文中出现的文章的背影有几次？哪次是实写？哪次是虚写？这样写有什么作用？(6)“等他的背影混入来来往往的人里，再找不着了……”“混入”这个词用得好，为什么？其次，呈现教师预设的问题：

① 本案例由山西省大同市云岗中学提供，学校在杨志刚校长大力推动下，上“问题解决评价课”已经成为常态，导学教师能够智慧导学，课堂教育教学水平明显提升。

（1）从全文看，对于父亲，作者心理上前后有个大变化，请概述这一心理变化。（2）南京的景点很多，像夫子庙、玄武湖等，作者为什么不写在南京的见闻？（3）文中的两次“踌躇一会”，表现了父亲怎样的心理？（4）文中两次用“再三”一词，有什么作用？（5）“于是扑扑衣上的泥土，心里很轻松似的。”仔细体味这个句子，说说你的理解。（6）第五段最后一句“我的眼泪又来了”中的“又”字用得好，为什么？请从内容和结构两方面说明。（7）最后一段对背影的描写有什么作用？呈现问题后，师生共同解读所有问题，通过筛选整合留下的问题是学生生成的问题1、5、6题和教师预设的1、5、6、7题，最后把这几个问题设为本节课的问题目标，即课堂目标。

第二流程：自主学习，合作讨论（时间：10分钟）

在这个流程中，组织学生针对确定的问题目标进行自主学习。在组内由学科长组织讨论，解决不了的问题可以在组间交流，小组讨论时采用讨论学习“12345”策略，即小组讨论时要“一起立，二聚首，三开口，四讨论，五评价”，目的：一是提高注意力，引发讨论；二是聚焦问题，引入问题；三是分配任务，指定展写、展讲对象；四是做到自由和谐，课堂上坐立自如，行走自如，记录时坐下，讨论时起立，要求做到组内没有不学习的，讨论声音控制在40分贝以内。整个环节，教师在组间巡回指导，为学生提供帮助，以提高学习效率。

第三流程：展示交流，规范评价（时间：20分钟）

在这个流程中，教师将展讲任务进行合理分配：全班共八个组，其中前七组分别展讲对应的一至七题，第八组将父亲过铁道买橘子这一感人的情节加以表演。分配完任务后，学生开始展讲，展讲人由学科长分工，指定对象，要尽量让组内每位成员都有任务，比如一位同学承担主持的任务，一位读题干，一位担任中心发言人，一位补充，一位展写，一位总结，展讲时在语言表述上要注重话语结构，体现破冰语、陈述语、讨论语和结束语。七个问题目标展讲的结果：[示例]（1）描写父亲的背影，先写外貌、衣帽，然后用特写镜头精细地描写爬月台的动作，还用自己的感情烘托这个背影。细写这些是因为这个背影是全文的主脑，最能体现父亲的爱心。（2）四次背影，第一次在文章开始，“我最不能忘记的是他的背影”，是虚写。其作用是点出背影留给“我”的深刻印象。第二次是“我”回北京念书时父亲过铁路买橘子时的背影，是实写。其作用是充分表现出父子情深。第三次是父亲混在来来往往的人里的背影，是实写。其作用是把子爱父之情在句中充分表现出来。第四次是“我”在读父亲信后，在晶莹的泪光中回忆起父亲的背影，是虚写。（3）“混人”一词一是写出了人多，二是写出了父亲的平常，没有特别之处。（4）作者起初对父爱不理解，反而自以为聪明，认为父亲说话不大漂亮，还在心里暗笑他的迂，及至看见父亲爬月台的背影，终于受触动而落泪，顿悟父亲的爱，产生了深深的自责心理。其作用是能充分表现出对父亲无限怜爱的感情。（5）买橘子虽然辛苦，但心里很高兴。产生这种心情的根本原因是对儿子的爱。（6）从内容方面，表明是第二次流泪，同时突出了作者和父亲离别时对父亲的依恋、感激和敬爱之情；从结构方面来看，照应文中“我的泪很快地流下来了”。（7）是对背影描写的深化，一方面起到了照应开头的作用，另一方面继续加深背影的形象。值得注意的是，在小组展讲时，其余同学应认真倾听并思考，根据展讲的问题及时讨论，并做好记录，本组和其他组同学可通过表演或演示加以补充和完善。为了保证展讲效果，其余同学要及时记录或记忆。教师在这一环节中巡走于小组中间，对相对较弱的组以“小纸条”策略进行指导。

第四流程：问题训练，合作指导（时间：10分钟）

在这一流程中，学科助理将教师开发的《问题训练—评价单》（略）发给所有学生，由小组自行在10分钟之内填完。本课采用的是开放性训练，即各组完成训练后在组内展开讨论和交流，然后开展组间展评学习，核对结论，评价正误，探究原因。必要时教师提供指导和帮助。

第五流程：归纳概括，提升意义（时间：2分钟）

在这一流程中，让学生以小组为单位归纳知识，畅谈收获，提升学习意义。教师在此强调，在写作中要学习本文根据主题的需要去选材的方法，做到以情动人。这一环节先让学生讨论一分钟，然后选一个组，派一名代表进行畅谈。

★“问题解决评价课”的积极意义与优势

一、积极意义

一是学本课堂下的“问题解决评价课”是让学生改变学习方式，善于在尝试、探究、合作中发现问题并解决问题。朱绍禹先生曾说，“问题贯穿于课堂始终”，是“学生学习和发展的主体”的保证，是“尊重学生在学习过程中独特体验”的必要条件。顾明远先生曾说：“不会提问题的学生不是学习好的学生。”教师要培养学生的问题意识，引导学生寻疑、质疑、解疑，在合作中发现问题并解决问题。《课标》中指出，“开展合作学习，让每个学生相互支持、相互配合，协商解决问题，提高学习效率，增强合作精神”，“使所有学生的社会、人际关系、技能获得发展”。

二是学本课堂下的“问题解决评价课”是以学生为本体、学习为本位、学科为本色，促进师生共同成长为目的的一种新课型。其本质是引领学生学习，让学生学会学习，促进学生有效学习，使课堂真正成为学生“自主学、交流学、展示学”的学堂。

三是学本课堂下的“问题解决评价课”是让学生在思考中分享成果，提高学生的思考力；在展示中张扬个性，提高学生的表现力；在交流中体验成功，提高学生的兴趣力；在合作中完善人格，提高学生的情感力；在解决问题中提升成绩，提高学生的学习力。

四是“问题解决评价课”是“基于文本，超越文本；基于问题，超越问题；点燃激情，多元对话；拓展思路，多元评价；多边互动，共同成长”的学本课堂，是自主的学堂，是合作的学堂，是探究的学堂，是扎实高效的学堂。

二、优　势

其一，这种课型是几种基本课型中的核心课型，就是在“问题生成评价课”的基础上，根据课堂学习目标，通过师生、生生交往对话、合作探究来解决问题，构建知识，发展情感，提高能力，实现学习目标，促进师生共同发展，是针对“问题生成评价课”中学生生成的问题和教师预设的问题加以整合后，进行深度学习、训练和评价，通过多元训练，使知识得到深层次的解决。问题成为导与学的主线，实现了以问题为中心的学习，旨在帮助学生构建“发现问题，分析问题，解决问题”的思维体系。

其二，这种课型是在合作交流、展示交流过程中将知识的问题点、学习方法的切入点、情感态度的激发点通过课堂的主动、互动、律动呈现出来。教师通过智慧策略，激发学生解决问题的欲望，让学生充分“动”起来，让课堂充分“活”起来，益于开思明路，弥差补漏，借力推力，形成“质疑—解疑—评价—提高”的问题解决路径，真正解决了学生“学什么，怎样学，学得怎么样”这三个问题。

其三，这种课型主要是通过多元训练来实现课堂教学目标的，运用开放性训练和封闭性训练这两种针对性极强的评价方式，评价正误，探寻原因，成熟思路。尤其是以个体或小组为单位开展仿题编题的高级思维训练，扎实基础，提升能力，促进发展。没有评价的跟进，就不会产生优质高效的课。

★上好“问题解决评价课”应注意以下几个问题：

一、课堂目标的问题

教师或学生呈现本节课的《问题工具单》后，一定要让学生解读、质疑、删减、补充、调整。然后依据内容和学情，师生共同确定本节课的“问题目标”。这一环节主要是解决“让学生获得什么”的问题。

二、课堂效益的问题

每个学习流程的任务都要训练学生在规定时间内完成。教师要着力训练学生单位时间的完成率。关注全班学生的完成率，这是在解决“让学生获得知识需花多少时间和实效如何”的问题。

三、学习方法的问题

每门学科都有其特点和思想体系。教师须站在学科的高度，引导学生找方法，寻规律，培养学生交流、质疑、争辩、补充概括的能力，帮助学生建构“发现问题，分析问题，解决问题”的思维体系。这是解决“学生怎样获得知识”的问题。

四、达标检测评价的问题

教师在设计《问题训练评价单》时，一定要立足学情，精心设计，既要有基础考查，又要有巩固知识技能和拓展思维的深度与广度检测。要少而精，体现专项性，尤其要在知识的重难点、易错点、易混点、衔接点上做文章。要通过让学生“仿编题”进行互测，巩固内化知识，做到“节节清”。这是解决“有多少学生完成了课堂目标要求”的问题。

五、重视各环节的落实问题

课改是一个突破与实践的过程。一定要按照“改变一点点，一点点去改变”的思想去践行，切忌浮光掠影，囫囵吞枣。每一步每一个环节都要落实到位，做到踏石留印、抓铁留痕。譬如这种课型中的“合作讨论与学情展示”环节，通过讨论与展示，目的是让学生对课堂目标及操作方法形成思路，达成共识。在讨论与展示过程中，要让学生将集体智慧与自己的想法进行碰撞。组与组，生与生，师与生之间相互借力助推，产生新思路、新想法。教师此时一定要注意学生讨论的有效性和展示的示范性。教师不仅要关注展示者，更要聚焦其他学生的“倾听”。展示后，一定要让倾听者与展示者进行互动。必要时，要让“倾听者”质疑、补充、梳理、小结，否则展示的效果就会大打折扣。同时教师一定要“盯、观、跟”到位：“盯”学生课堂参与状态，“观”学情展示中问题的暴露，“跟”问题的解决效果与二次生成。只有做到环环落实，认真打磨流程、细节，处处到位，才能达到课堂效果的扎实与高效。

附件 2：

《背影》问题解决—评价单

八年级语文组　设计人：张海峰　审核人：田恒顺

班级______　组名______　姓名______　时间：　年　月　日

【学生生成问题】

【教师预设问题】

问题 1. 从全文看，对于父亲，作者心理上前后有个大变化。请概述这个心理变化。

问题 2. 南京的景点很多，像夫子庙、玄武湖等，作者为什么不写在南京的见闻？

问题 3. 文中的两次“踌躇一会”，表现了父亲怎样的心理？

问题 4. 文中两次用“再三”一词，有什么作用？

问题 5. “于是扑扑衣上的泥土，心里很轻松似的”。仔细体味这个句子，说说你的理解。

问题6. 第五段最后一句“我的眼泪又来了”中的“又”字用得好，为什么？请从内容和结构两方面说明。

问题7. 最后一段对背影的描写有什么作用？

【多元评价】

自我评价	同伴评价	学科长评价	小组长评价	学术助理

4. 面对困惑挑战与解决策略

这一课型是最接近传统课堂教学的“新授课”，虽然性质和内涵发生了变化，但这两个课型是“近亲”，因为都是在课堂单位时间内建构知识，培养能力，丰富情感，培育核心素养。只不过是不再靠教师唯一讲授，而是靠大家共同合作学习、共同展讲对话、共同解决问题，通过解决问题来达到建构知识、培养能力和丰富情感的目的。对于这个课型，我们一线教师产生的困惑最少，而且经过近几年的不断考察学习，基本上都能接受。最大的挑战就是怀疑学生是否会讨论，会展讲，进度能否保障。现提出几点解决策略：

一是要培养学生新学习能力。全体教师要合作培养、专题训练合作讨论学习能力、展示对话学习能力，学生一定会有这个潜能和能力的。譬如，学生展讲问题，目前，许多学校教师没有足够认识，缺乏结构化指导和培训，所以，很多学生缺乏自信、声音过低、姿势不规范、表达不清楚等，严重影响了展讲效度和进度。解决策略主要是培养学生的展讲对话能力。

二是夯实学生结构化预习基础，培养学生结构化预习能力，保证学生预习质量，认真完成《基础知识—评价单》，并在结构化预习中采用“暗展”策略，对《基础知识—评价单》上的内容进行记忆和背诵。

三是严把课中的小组合作讨论这一关，不能走形式，要人人有序有效地讨论，落实讨论中“预展”，让小组长、学科长认真负责，所有成员积极参与讨论。

四是不折不扣地严格按操作流程实施，先规范后研究，不要急于创新。首先学会“开车”，然后玩“漂移”。否则，课堂变形了，“神”跑了，无法实现以学习者学习为本的课堂，更不能培育学生核心素养。

（二）“编辑—导演—演员”三位一体设计法

“编剧—导演—演员”三位一体设计法是教师从“编剧”“导演”和“演员”角度对课堂学习过程进行结构化设计的一种“全脑”设计方法（简称“三位一体”设计法）。在体现核心素养的课堂教学视野下，教师角色发生了本质性变化，教师是文本问题的发现者、预设者，学生问题发现、生成、解决的引领者、合作者和指导者，不再是文本知识的讲授者和告知者。在新的视野下，教师在进行学习方案设计时，一定要给自己一个全新的定位，要挑战自我，忘掉过去的教师“影子”，从“编剧”的角度、“导演”的角度、“演员”的角度进行“全脑”设计，“全脑”设计就是全方位立体化设计。具体描述如下：

首先，从“编剧”的角度对教学内容进行细化，针对所解决的系列化、工具化“问题”，结合学生实际需要安排具体的学习活动。比如一位编剧写电视剧本或话剧剧本，分哪些章节（或流程、环节），每个章节需要多少时间，有多少个学习小组，教师采用哪些导学策略等，最后如何来实现学习目的。在这种系统化设计过程中，对课时、课型、流程、时间、情景、教师行为和期望学生行为要充分估计和编排。要具体明确教师和学生在什么过程中将产生什么教与学的行为，并期望得到什么结果。简单地说，从编剧角度明确，本课要解决哪些问题，属于什么课型，分哪些流程，每个流程需要多少时间，经过哪些活动达到实现学习目标的目的。

其次，从“导演”的角度，充分利用问题工具，想办法发挥学生学习的能动性，选择有效的学习方式，组织有效的学习活动，让教师以“导演”的身份，从“局外人”的角度来发挥想象力，设计和编排整个学习活动过程，使各个学习小组发挥团队作用，帮助和关照潜能生学习，追求团队学习效果，让学生个体发挥积极性、主动性，取得理想的学习效果。

再次，从“演员”角度来看，教师毕竟是主角之一，要根据学生实际学习能力，把自己有机地融入有效学习活动中。思路上教师作为“演员”之一要与学生进行合作探究学习，让学生实现学习目标。随着学生学习能力的逐步提升，教师要逐步退出，让学生不断进步，更加勤奋主动，积极参与，踊跃展示，独立思考，合作讨论，生成智慧，从而解决全部问题，最终让学生“勤奋”起来。教师要逐步“懒惰”起来，走向智慧型教师。

下面提供的是课堂学习方案设计的简表，为了节省时间，平时使用简表设计，但是，为了促进教师专业持续成长，我们还是建议教师使用详案进行设计。后面的案例是一个详案。

【式样】

课堂学习过程设计（简表）

上课年级		学科：	主题		指导教师	
第几课时		课型			学习日期	

程序（要素）	时间	创设情境	教师行为	期望的学生行为

附件：《×××》问题解决—评价单

三、课堂学习方案设计评价

课堂学习方案设计是一个“新生事物”，与过去的教案有着本质性差异，与目前流行的学案设计也是不一样的。教师不是从“如何教”的角度来设计的，而是从我们师生共同“如何学”的角度来设计的。这是一种教学设计的跨越式发展和进步，对自我意识较强、始终捍卫传统经验的部分教师，是一种挑战。不过，只要教学观念和教学方式转型以后，就很容易走向以“学”为中心的课堂学习方案设计。我们将课堂教学方案设计创新为课堂学习方案设计的主要目的是为学生搭建自主合作探究学习的平台，最终让学生学会学习；同时，为教师学会智慧型教学搭建平台，最终让教师实现专业发展，走向教育家型教师。

一份课堂学习方案的设计是否合格，主要从结构性、科学性和人文性等三个维度进行评价，看教师的设计理念是否体现“以学生为中心，促进师生成长”的理念，看设计思想上是否体现“面向全体、主动发展、全面发展”的素质教育思想，看学习过程设计是否体现新课程的有效教学特征和要素。对课堂学习方案的“表”“本”“附”等三部分都要进行全面评价。

“表”的部分包括“基本情况、学习目标、重点难点、关键问题、教学方法（或学习方法）、教与学准备”等。“基本情况”是指所学课题、教师姓名、几个课时、选择哪些课型等。关于“学习目标、重点难点、关键问题、教学方法（或学习方法）、教与学准备”等内容，教师在“问题工具开发”阶段已经基本生成和设计完了，可以不必重复进行。这部分既是教师教学的内容和要求，也是学生导学的内容和要求。这部分内容的评价主要看开发质量，是教师原创还是抄录编缮。

“本”的部分主要指“学习过程”等。“学习过程”主要包括“流程、时间、情景、教师行为和期望学生行为”，这部分内容评价主要看设计质量是否满足师生学习的要求，是否指向高质量教学目标。

“附”的部分包括“参考文献”和《问题工具单》。这部分评价主要看“参考文献”是否真实，设计时是否参阅这些文献资料，这些文献资料是否发挥作用，《问题工具单》是否有质量，是否按《问题工具单》开发原理进行开发和设计，是否根据“目标性、导学性、问题性、评价性和指向性”进行评价，是否能够支持学生学习与发展需要。

课堂学习方案设计的三个维度，即结构性、科学性和人文性等，具体解释如下：

·结构性：是指设计思路、设计目标、设计过程、设计方法、导学策略等结构化设计，对“表”“本”“附”三部分的每一个项目、每一个环节、每一个思路、每一个策略、每一个行为是否进行了结构化设计。如：“表”部分的“学习目标”“重点难点”等是否进行了结构化设计；课堂学习过程是否进行了结构化设计，是否实现了学习结构的有序性和有效性，能否根据学生学习能力的逐步提升，不断地改进和调试流程内容、时间匹配和导学行为等，能否使课堂结构和目标结构实现内在的一致化和一体化；不同课型内容是否按不同课型特征做出了结构化设计等。

·人文性：是指整个课堂学习设计过程中是否体现了人文主义教育思想，是否整个设计都是以人为本（即“以促进学生全面发展和促进教师专业成长为中心”）的设计，每个环节、每个过程、每种方法策略是否尊重了学生学习需要，是否关注了学生差异，是否能够根据学生学习特色来进行设计，是否将学习需要作为学习过程中的重要因素来体现。尤其是潜能生关注方面，是否从同学、小组、教师角度出发进行了“目中有人”的人文性设计。同时，对教师本人的尊重和关注得到足够的认识和提升，在每个环节、每个策略中是否体现对教师的人本性，是否考虑了教师自身的专业成长和个性发展。人文性指标观察的重点在“表”和“本”部分。

·科学性：是指整个课堂学习过程设计中体现了先进的素质教育思想和新课程教学改革理念以及当代先进的教学方法和策略，从而提高了单位时间学习效率，使教育教学质量得到大幅度、大面积提升。首先看整个设计是否体现了素质教育思想，教师能否从“面向全体、主动发展、全面发展”的高度来科学化设计方案；其次，教师是否从教学方式转型的角度进行动态化、科学化设计，努力使“教”的课堂教学向“学”的课堂学习转型，为学生学习发展和教师专业成长搭建有机平台；再次，教师在教学内涵设计上是否从“教师导学”走向“问题导学”，是否体现“知识问题化”“课堂问题化”“问题能力化”等学习理念，在备课过程中是否将知识转化成问题，让学生学会发现问题、生成问题和解决问题，是否关注了学生发现问题、生成问题、解决问题能力的培养。在学习流程的设计中是否体现自主性、合作性、问题性、体验性、探究性等新课程学习要素，从时间和空间上有没有提供自主学习、合作学习、探究学习、体验学习的机会。在学习时间上是否做到了合理性分配和估计，是否提高了教学方法和导学策略的适切性，使学生学习效率得到极大提高。

下面把课堂学习方案设计的评价指标体系归纳如下：

一级维度	二级维度	观测点		
		结构性	人文性	科学性
“表”部分	★基本情况	①所学年级、学科、主题、课型、课时等情况是否属实和准确	①关注教师和学生 ①考虑学生需要	①表述是否规范 ②是否体现先进理念
	★学习目标	①体现“三维目标” ②目标内容有层次	②考虑学生基础	①体现课程标准理念 ②体现“数质结合”“程法结合”和“表本结合”设计原则 ③创新目标或生成目标
	★重点难点	①有逻辑性 ①与重难点有内在逻辑性	①基于学生需要	①提炼准确，抓住核心 ②教师预设，不是抄录
	★关键问题			
	★教学方法（学习方法）	①体现方法系统性 ②教法与学法统一	①基于学生需要 ①面向学生设计 ②发挥学生主体性	①提炼准确，抓住核心问题 ①体现导学性 ②体现智慧性 ③突出有效性
	教与学准备	①教师问题工具 ②学生预习准备 ③师生学习工具两方面准备	①是否突出学生需要 ②学生参与性	①体现先进理念 ②师生合作开发 ③提高学习活动效率

续　表

一级维度	二级维度	观测点		
		结构性	人文性	科学性
“本”部分	★学习过程	①“流程、时间、情景、教师行为和期望学生行为”等项目完整 ②每一环节中的行为、方法和策略设计完整	①面向全体学生学习 ②关注潜能生设计方案 ③关注“差组”行为	①体现新课程教学理念 ②教学方式转型程度 ③教师角色逐步退隐 ④教师导学策略创新 ⑤走向团队合作学习 ⑥教学有高期望预设
“附”部分	★参考文献 ★问题工具	①设计时参考文献 ②参考文献表述规范 ①符合问题学习原理 ②保证工具数量	①对教师发展有积极意义 ①基于学生需要设计问题 ②是否照顾学生差异	①参考文献有价值性 ②参考文献有先进性 ①问题工具质量符合“目标性、导学性、问题性、评价性和指向性”标准 ②问题工具能够满足学生发展需要，是否达到师生生成境界或学生生成境界
备注				

第七章

建立基于核心素养的新型教研活动体系

在教本课堂视野下，我们开展的教研活动是相对简单的，主要是领导和教研员组织开展以“听评课”为主的权威性教研活动，一般程序都是先集中听课，然后召集学科教师或全体教师，由领导，或是教研员，或是专家给这节课进行点评。重点是评价教师的教学目标是否正确，板书是否规范，声音是否洪亮，讲解是否清楚，课堂是否有高潮，多媒体使用是否科学，学生是否听懂，等等。然后，讲课教师和态度端正的教师便认真记录。于是，活动结束教研也随之结束。教本教研的原理是传递式教研活动，与教本课堂的传递式教学活动在原理上是相同的。然而，在核心素养视野下，我们要开展与培养核心素养相一致的导研活动。培养核心素养的课堂是师生共学、合作建构、共同成长的地方，其原理是师生平等交往、合作探究、建构知识、发展能力，那么新型教研活动在原理上也将遵循师生共学、合作探究、建构知识等，新型教研活动的过程也是发现问题、生成问题、解决问题、拓展问题的过程。由于在核心素养视野下没有“教学”概念，只有“导学”概念，所以我们将“传统教研”创新为“体现核心素养的新型教学活动”。具体活动包括新校本教研、组本教研、团本教研、学科团队会议和行政团队会议等五个教研活动。我们以这五个活动为主要途径，建立与体现核心素养的课堂教学相适应的新型教研体系，为推动基础教育中小学课堂教学改革稳步实施建立保障机制。

随着教的课堂向以学习者学习为本的课堂转型，教研内涵也将随之转型。过去的教研活动是属于权威型传递式教研，在核心素养视野下的教研活动将走向主体参与的建构式教研活动，逐步追求更高境界的教研活动。在体现核心素养的以学习者学习为本的课堂视野下，我们如何开展教学活动呢？是否与过去有差别呢？回答是当然有的，因为视野变了，性质变了，境界变了，内涵也变了。我们要倡导与以学习者学习为本的课堂内涵相适应的教研活动，这种以学习者学习为本的教研活动就是开展以学习者学习为中心的教学研究活动，主要是建立以“三研两会”为新途径的“师生合研”机制，这是开展以学习者学习为本的课堂所必备的保障机制。否则，以学习者学习为本的课堂创建将难以持续和发展。

“三研两会”特指新校本教研、组本教研、团本教研、学科团队会议和行政团队会议等五个学本教研活动。如果开展以学习者学习为本的教研，就必须建构以“师生合研”为特征的新思维。教研活动的视角将从关注教师转向关注教师的教和学生的学以及师生共同在学习过程中的行为表现、理念体现和目标达成情况。这种新型教研活动有别于以往的传统教学活动，将体现内涵建构性、全员参与性、主体积极性、生成探究性和专业发展性等五大特点。我们要通过“三研两会”，真正实现诊断教学、探讨问题、提升品质、促进师生发展的目的。

一、以学习者学习为本的教研新思维

在教本教研视野下，我们开展的教研活动都比较单一、封闭、专制，关注点主要集中在教师的教学行为、教学目标和教学效果上。主要教研活动是“先听后评”，后来在新课程视野下有人提出“观课议课”，这对于传统的“听课评课”有所进步和发展。但是，始终没有超越教本教研的范畴。教本教研活动的单一性体现在教学研究单纯针对教师单方面的行为和效果，忽视了学生学习表现和过程以及师生双方面的合作探究、合作成长；封闭性体现在传统教研活动仅仅围绕某一节课的教学过程进行研究，没有超越课堂“围栏”，忽视课前师生准备性过程；专制性体现在整个教学过程中权威人员控制话语权，以权威掩盖民主和自由，使参与者的思想和见解被忽视和闲置。

在体现核心素养的教研视野下，我们倡导“师生共研”的新思维、新理念，开展的新型教学活动将突出多元性、开放性和民主性，关注点主要集中于学生如何学习和教师如何智慧导学以及师生如何共同完成学习任务等情况。主要学本教研活动由单一的“听课评课”活动走向多元化的“三研两会”，以学习者学习为本的教研活动的多元性体现在“三研两会”不是单纯针对教师教学行为，而是针对教师如何有效导学和学生如何有效学习以及师生共同完成学习任务的过程与质量，研究主体包括教师、学生以及参与者；开放性体现在“三研两会”研究内容不局限于课堂教学片段，而是拓展到课前、课后以及整个教与学过程，超越课堂

"围墙"，拓展到整个学习过程；民主性体现在"三研两会"不再是权威者的专场，这里没有权威和专家，参与者都是积极的思考者、建议者和评价者，也是分享者、受益者和成长者。尤其是将学生主体引进教研主体，让学生代表参加"三研两会"，让他们成为学本教研的主人，指导他们学会研究、学会讨论和学会评价，充分发挥学生的主观能动性和积极性。

二、以学习者学习为本的教研新特点

在教本课堂视野下，受传统教学观念、评价思维的影响，教本教研主要呈现内涵传递性、参与选择性、主体被动性、常规研究性和专业脱离性等特点，由于呈现方式单一、封闭和专制，所以许多被研究对象从主观上不愿意参与教研活动，因为往往成为众矢之的，被当成"靶子"来"批评"，其结果是"遍体鳞伤"。与其"受伤"，不如回避，这是许多教师的客观心理。这就使教本教研走向了形式化，缺乏实效性和真实性。

在体现核心素养的课堂视野下，以学习者学习为本的教研活动以建构主义学习理论、第四代教育评价理论为理论基础，强调多元性、开放性和民主性，让所有教师积极主动地参加教研活动，把新型教研活动变成教师们的一种福利，一次成长机会。"三研两会"将体现以下新特点：

一是内涵建构性。从性质上看，教研活动也是一种课堂教学，研究内容不是固定的教材内容，而是当场发现的"问题"。这些"问题"是靠权威来解读和阐释，还是靠大家的智慧和思想来解决呢？也就是说是通过权威讲授来解决，还是靠参与教师合作建构来解决？这里暗含的是内涵性问题。"三研两会"就像"大同学""大小同学"的现场课堂，从活动内涵上，将突出建构性，针对发现的问题，参与者分组讨论，并通过展讲对话来解决问题，使每位参与者都献计献策，通过思维碰撞、智慧交融来达到解决问题的目的；使学生课堂与教研课堂在内涵上保持一致性，都呈现出建构性，通过自主建构、合作建构来解决问题。

二是全员参与性。从参与对象上来看，“三研两会”覆盖所有学科教师和学生，如“新校本教研”是属于全校层面上的教研活动，也许是某班级示范课展示，全校教师参与观摩和研讨，也许是全校某一学科教师全面参与；如“组本教研”是属于某一年级学科组开展的教研活动，需要某一年级学科组全体教师参与；如“团本教研”是某一班级所有任课教师参加的教研活动，由班主任和任课教师参加；如“行政团队会”是某一班班主任和班级主任助理、各个小组长参加，包括部分学生；如“学科团队会”是各个班学科教师和学术助理以及各个小组的学科长参加，也包括部分学生。在学本课堂视野下，我们提倡学生“人人都是学科长，科科都有领头雁，课课都有领头雁”，保证做到每名学生都是不同学科的学科长。从“行政团队会”和“学科团队会”的参与人数来看，确保每一名学生都能参加一到两次的学本教研活动。因此，“三研两会”完全体现了全员参与性。

三是主体积极性。从各种活动过程来看，我们每位教师的尊严和智慧都得到尊重。从活动机制上看，每位教师都任周组长，并在活动过程中扮演相应的角色。如在“团本教研”中班主任全面负责，其他成员按团本教研“态度、预习、差生、策略、效益、成绩”等六要素来分担任务。有任务便有责任，有责任便有行动。在教师团队活动中，为了出色完成各自的任务，人人都会积极行动起来。同样，“行政团队会”“学科团队会”也给教师和每名学生都分配了任务，在这种任务驱动下每位教师和学生都会积极主动参与。学校层面要建立学本教研激励机制，调动每位教师和学生的主观能动性和参与积极性。

四是生成探究性。“三研两会”是符合新课程理念的一种教师和学生参与的新型教研活动，是一种师生共研的建构式课堂。有的问题是事先预设的，有的问题则是观课过程中现场发现生成的。针对现场和过程中生成的问题，通过小组讨论、合作探究、展示对话来解决问题。为了使问题得到深入解决，探究现场还可以二次生成、三次生成问题，继而再通过小组讨论、合作探究、展示对话来解决问题，使“问题”成为“三研两会”的研究“抓手”，“探究”成为“三研两会”的主旋律。

五是专业发展性。在教本教研视野下，“教研”往往成为教师工作的负担，导致教师教研与专业发展成为两张皮，原因是缺乏科学的内涵和有效的机制。在学本教研视野下，通过多元活动和各种机制，每位教师和学生都参与活动中，带着不同的任务参与全过程，每个人都参与研究、参与学习、参与思考，以便在活动展示环节展示个性和风采。那么，教师能够参与教研过程就实现了教研与专业发展的“并轨”，这个参与的过程就促进了教师的专业发展。因此，教师参加“三研两会”的过程就是教师促进专业发展、提升专业内涵的过程。

如果有序有效地开展“三研两会”，我们就要解决两个问题：一是增强团队意识，建立教师团队，整合教师资源，激发教师工作热情；开展以备课组长为中心的学科教师团队和以班主任为中心的教师教育团队，使教师团队有自己的名称、口号、愿景、团歌等，努力使教师团队由单打独斗走向团结协作，使教师团队成员做到“认识一致、理念一致、行动一致、策略一致”，做到“心往一处想，劲往一处使”。二是学校教师评价体系要创新，由过去教师个体评价走向教师团队的集体评价，发挥团队负责人的示范带头作用和广大成员的积极参与作用。上述两点是创建学本教研过程中遇到的新问题，只有得到有效解决，才能高质量开展“三研两会”。我们在实践中发现，创建学生团队非常容易，因为学生比较单纯，可塑性强，对新生事物有强烈的追求和渴望。而教师团队建设的确有一定难度，广大教师长期受“单打独斗”传统文化影响，缺乏合作意识、团队意识。各个学校在创建教师团队时要事先做好准备工作。

三、以学习者学习为本的教研新途径

以学习者学习为本的教研活动不单纯是指教师开展的单方面的教研活动，而是师生共同开展的教研活动。我们不仅要充分发挥教师智慧潜能和能动性，还要充分相信学生，发挥学生智慧潜能和能动性。只有建立“三研两会”为途径的师生共同参与的学本教研机制，才能保障以学习者学习为本的课堂的持续实施和深入，才能不断提高学本课堂的教育质量，促进教师专业持续发展。下面就如何开展新校本教研、组本教研、团本教研、学科团队会议和行政团队会议等五个学本教研活动做简要阐述。

（一）新校本教研

是指学校层面组织开展的基于学校教学问题研究的结构化观研课活动，旨在解决学校教育教学中产生的共性问题，提升教师教学研究能力，促进教师专业化发展。

· 学校层面具体落实如下内容：

一是学校专门设置“观研课活动室”。

二是建立全校教师参与的新校本研究机制，教科研部门确定本学期新校本教研主题系列，编排全校统一开展各学科观研课活动的《计划》（见附件 7 - 1）。

三是所有教师轮流主持活动，体现教师参与教研的主体性和积极性。

四是规定每天或每周组织几次新校本教研活动。

五是每次活动都要按结构化要求实施。

六是建立教师参与观研课登记制度，年末汇总评价，对参加次数多、表现积极的教师给予激励表扬。

七是每次活动结束主持人撰写总结性活动纪事（见附件7－2）。

八是对每次参加观研课活动的班级和导学教师给予等级评价，年末以学科为序进行表彰和激励。最后，达到激发每位教师参与新校本教研的积极性和主动性，调动其教研热情，提高其教研水平，促进教师专业发展的目的。

·学校层面具体操作如下：

学校如何组织开展新教本教研活动呢？具体做如下介绍。

首先，营造学校层面学本教研的氛围，确定学校层面上的观研课室，对观研课室进行文化装饰，建议设置三个展板：一是“结构化观研课新思维新思路框架图”；二是学习金字塔；三是“结构化观研课活动流程”。

其次，介绍新校本教研活动流程，即校级结构化观研课总活动流程：

第一步：主持人致辞，介绍展课班级、内容、主题、特色及期待。

第二步：导学教师组织师生展课，参与教师观课。

第三步：主持人组织结构化研课活动。

下面介绍“结构化研课活动流程”（这是研课具体流程，研课过程中参与活动教师按小组合作的方式坐好，以便开展小组合作讨论）：

一、主持人致辞（1—3 分钟）。

二、导学教师做研课报告（5—10 分钟）。

三、对话与交流（咨询相关信息）（5—8 分钟）。

四、小组讨论形成意见（10—15 分钟）（意见分“优势”与“问题”）。

五、小组代表展评（15—20 分钟）。

六、总结与提升（1—3 分钟）。

第四步：主持人总结并宣布活动结束。

现将研课活动过程简单描述如下，您只要尝试一次就都理解了：等学科教师组织上课结束后，便进入结构化观研课阶段。第一步，活动主持人宣布结构化观研课活动开始，把相关活动事宜做一些说明，如果有外单位参与的人可做些介绍；之后，进入第二阶段，请导学教师做 5—10 分钟的说课报告；第三步，组织对话与咨询，观课人员在导学教师说课报告基础上就不明白的内容进行对话和咨询，以便吸收后加工和分析；第四步，组织参与观课教师开展小组讨论，然后将小组讨论结果和意见写在大白纸上；第五步，各个小组派代表进行展讲和点评。如果有外请专家的话，也在此环节让专家作为一个组来展讲和发言（专家相当于一个组）；第六步，导学教师畅谈感悟和收获，主持人做简短的本次活动总结。

· 值得注意的问题：

一是结构化研课时间大约为 1 课时，根据需要也可为两课时。

二是学校要增强教师的责任意识和参与意识，引导教师养成结构化观研课习惯，认真观课，积极参与，全身心投入，千万不要像过去一样，稀里糊涂听课，听完课后就走人。

三是学本教研需要学生代表参与，根据活动需要和实际情况，选定参与学生角色与人数。

【成功案例分享】辽宁省沈阳市浑南一中开展学校层面的结构化观研课活动，现把结构化观研课操作过程简单介绍如下：

地点：二楼观研课室

时间：2012 年 5 月 4 日上午

学科与主题：八年级数学，一元二次方程

导学教师：×××

第一步：主持人致辞，介绍展课班级、内容、主题、特色及期待。

第二步：导学教师组织师生展课，参与教师观课。

第三步：主持人组织结构化研课活动。

展课结束后，学生离开观研课室，进入具体研课流程，研课过程中参与活动教师按小组合作的方式坐好。主持人致辞后，请导学教师做研课报告，然后进行对话与交流，咨询相关信息，并组织小组讨论形成意见，在大白纸上写出“优势”与“问题”。

践行有效教学 聚焦生态课堂 创新教学模式

小组代表展评。

五、专家引领指导（30～60分
六、总结与提升（3～6分钟）

五、专家引领指导（30～60分钟）
六、总结与提升（3～6分钟）

最后，总结与提升。

附件 7 - 1

×××学校________学年度新校本教研活动计划表

年　月　日

序号	日期	学科及主题	展课班级	导学教师	活动主持	活动地点	备注

附件 7 - 2

×××学校________学年度第××次新校本教研活动纪事

主题					
班级		导学教师		主持人	
活动时间		参加人数		活动地点	
活动过程与效果分析					
呈现活动照片与附件资料					
导学教师签字		学科组长签字		学导处负责人签字	

附件 7 - 3

学本教育视野下结构化观研课新思维新思路框架

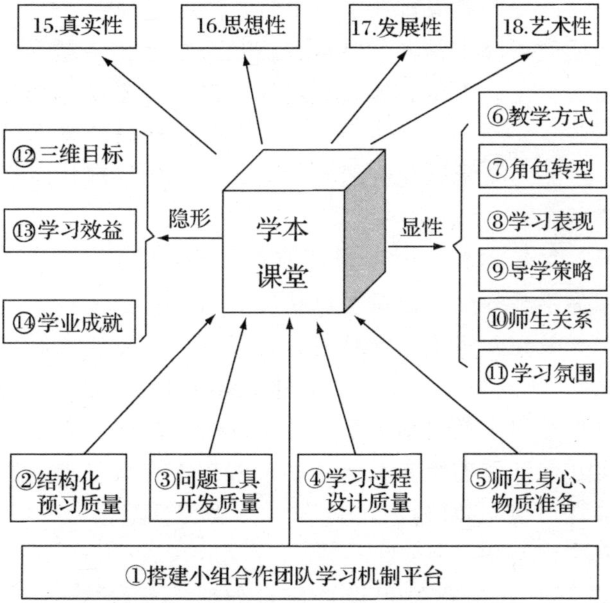

(本框架图，由中国教育科学研究院韩立福博士研究设计)

（二）组本教研

组本教研是指以备课组为单位开展教学研究活动，旨在解决备课组学科教学活动遇到的共性问题，提升教师学科教学研究能力，促进教师专业化发展。

·具体要求如下：

一是学校层面设计，做到组组有安排，天天有活动，人人都参加。

二是建立“先研后上、不研不上、上周研下周”的教研机制。

三是落实“想人事，说人话，办人事”的务实求真原则。

四是建立“组长任常务组长，其他成员人人任周组长”的活动主持制度。

五是时间上一般安排在下午举行，约两课时。

六是明确研究主题，主要是围绕六个常态化主题（设计、工具、预习、差生、策略、成绩）进行，常态后要设计个性化的专题（如兴趣、学法、组内观研课等），也可根据需要增设系列研究专题。围绕六个常态化专题要建立起相应的材料体系和教师组本教研文件夹。

七是参加组本教研时要求所有教师全身心投入，关掉手机。活动结束后学科教师轮流撰写总结性活动纪事。

八是学校建立组本教研检查评比机制，年末要激励表彰。学校层面要大胆创新，破旧立新，将组本教研“嵌入”教学工作中，建立健全组本教研新体系。这里的组本教研主要是指课前活动，也可在保证课前组本教研基础上根据需要增加课后教研。但是绝不能课后组本教研，否则就失去了其真实意义。

·六个常态化主题：

1. 课型、流程及过程设计质量如何？各班之间如何调整？【设计】

2. 《问题工具单》设计质量如何？各班之间的适宜性如何？【工具】

3. 各班学生结构化预习情况如何？【预习】

4. 各班潜能生情况如何？准备采取什么样的针对性策略？【潜能生】

5. 教师针对不同班级，将采取什么样的导学策略？【策略】

6. 估算各班本周学业成就情况，期望值多少。【成绩】

注意，操作时要依据六个主题开发使用六套表格，使每位教师都使用文件夹管理方法进行有效管理。《学习方案设计》见统一模板，《问题学习工具单》见统一模板，《预习检查表》见附件

7－4，《潜能生转化表》见附件 7－5，《导学策略表》见附件 7－6；《成绩估算表》见附件 7－7。

·活动设计要求与流程

1. 环境：组本教研活动室的桌子摆放为 U 字形和 O 字形。

2. 主持：常务组长或周组长主持，每次活动备课组成员轮流主持，体现“人人是组长”的理念，增强主体意识和责任意识。

3. 程序：★创设情境（一起喊口号，部署任务）

★小组讨论（按专题讨论，积极参与）

★展讲对话（顺次展讲，真诚讨论）

★总结提升（常务组长总结，成员补充）

4. 制度：记录制度、档案制度、激励制度。每次活动进行后主持人及时做好登记，并写成本次活动纪事（见附件 7－8），相关资料整理成材料装入档案袋，以便以后研究时使用。为了鼓励各备课组的组本教研活动，学校要建立有效的奖励、激励机制，不断激发各备课组开展组本教研的积极性。

·值得注意的三个问题：

一是创建以备课组为单位的学科教师团队，这是首要任务，要使每个备课组都确定自己的组名、口号、愿景、组歌等，焕发团队意识和责任意识，使团队成员早日实现四个“一”，即做到“认识一致”“理念一致”“行动一致”“策略一致”，真正使团队实现“心往一处想，劲往一处使”。学校一定要组织开展教师团队创建活动。

二是团队形成后要在组长领导下分工协作，按六个常态化主题来分担相应的任务，并落实在平日的教学工作实践中，最好创建每个人的文件夹。学校要给每位教师发一个塑料文件夹。

三是积极引导教师走出传统教师角色，积极成为学本教师，激发教师的工作积极性，挖掘教师的潜能，发挥其主观能动性和创造性。

附件 7－4《预习检查表》

第×周×年级×组学生预习检查评价表

日期：　月　日—　月　日

班级	预习检查评价	备　注

重点关注：1. 教材文本阅读及标注情况；2. 课前作业完成情况；3.《问题导读—评价单》完成情况。

附件 7 - 5《潜能生转化表》

×年级××学科组潜能生情况统计表

班级	一般潜能生	重点潜能生	拟采取的有效策略	备注

附件 7 - 6《导学策略表》

第×周《×××》“导学策略”调试情况表

年　月　日

<table>
<tr><th>班级</th><th>类型</th><th>导学策略</th><th>备注</th></tr>
<tr><td></td><td></td><td rowspan="6"></td><td></td></tr>
<tr><td></td><td></td><td></td></tr>
<tr><td></td><td></td><td></td></tr>
<tr><td></td><td></td><td></td></tr>
<tr><td></td><td></td><td></td></tr>
<tr><td></td><td></td><td></td></tr>
<tr><td></td><td></td><td rowspan="6"></td><td></td></tr>
<tr><td></td><td></td><td></td></tr>
<tr><td></td><td></td><td></td></tr>
<tr><td></td><td></td><td></td></tr>
<tr><td></td><td></td><td></td></tr>
<tr><td></td><td></td><td></td></tr>
<tr><td></td><td></td><td rowspan="6"></td><td></td></tr>
<tr><td></td><td></td><td></td></tr>
<tr><td></td><td></td><td></td></tr>
<tr><td></td><td></td><td></td></tr>
<tr><td></td><td></td><td></td></tr>
<tr><td></td><td></td><td></td></tr>
<tr><td></td><td></td><td rowspan="3"></td><td></td></tr>
<tr><td></td><td></td><td></td></tr>
<tr><td></td><td></td><td></td></tr>
</table>

附件 7－7《周成绩估算表》

×年级××学科组周（或月）成绩估算表

班级 周	第一周		第二周		第三周		第四周		第五周		第六周		第七周	
	估值	实值	估值	实值	估值	实值	估值	实值	估值	实值	估值	实值	估值	实值

附件 7 - 8《组本教研活动纪事表》

×××学校 2014—2015 学年度第×次组本教研活动纪事

主题					
年级、学科组		组长		主持人	
活动时间		参加人数		活动地点	
活动过程与效果分析					
呈现活动照片与附件资料					
记录人签字		组长签字			

【成功案例分享】内蒙古通辽市十一中学初二数学组学科教师团队在“内蒙古自治区新课程有效教学实验校展示培训和新型教研文化研讨班”上展示组本教研的过程，备课组长李欢老师在主持数学组常态式组本教研活动，深受与会人员的欢迎，并得到高度评价。

【成功案例分享】北京市团河小学五年级语文组教师团队在“全国‘学本课堂‘联盟推广示范校评估验收活动”中展示组本教研的过程，备课组长×××老师在主持语文组组本教研活动。本次活动不是常态式，而是专题式组本教研活动，得到评估专家的高度评价。

【成功案例分享】山西省大同市云岗中学初二年级语文组教师团队在组本教研活动中使用的《预习检查评价表》表样。

第 14 周初二语文组学生预习检查评价表

课题：19 春酒　日期：6 月 18 日

班级	预习检查评价	备注
198	5 个组读了 6 遍，另外 3 个组读了 5 遍，荷花组读了 3 遍。张瑞霞预习最好。	
199	前 7 个组读了四五遍，另外睿智和天使两个组读了 6 遍。	
200	两个组读了 6 遍，两个组读了 5 遍，另外 5 个组读了 4 遍。	
201	3 组读了 5 遍，7 组只读了 3 遍，另外 7 个组读了 6 遍。	
202	8 个组读了 6 遍，另外野狼组读了 5 遍。张强较差。	
203	1 组同学读了 6 遍，2、3、4、5 四个组读了 5 遍，其他四个组基本读了 3—4 遍。	
204	6 个组读了 5 遍，另外 3 个组读了 7 遍。王天明、李忠月表现较好。	
205	6 个组读了 6 遍，另外 3 个组只读了 4 遍。马晓华、李子龙需要加强。	
206	3 个组表现不错，均读了 7 遍，其他 6 个组读了 4—6 遍。	
207	8 个组均读了 6 遍，第九组读了 4 遍。党梓杰要加强。	

重点关注：1. 教材文本阅读情况；2. 课前作业完成情况；3.《问题导读—评价单》完成情况；4. 检查各小组落实五级评价情况。

【成功案例分享】山西省太谷二中高二年级数学组教师团队在组本教研活动中使用的《“导学策略”调试表》表样。

《椭圆及其标准方程》“导学策略”调试情况表

2012-11-2

班级	类型	导学策略	备注
391	宏志班	①教师通过生活事例来创设问题情境：“神 5 运行轨道”； ②采用“挑战单”来培养优生； ③学生主持课堂。	
392	宏志班		
393	宏志班		
398	宏志班		
399	宏志班		
400	宏志班		
394	励志班	①采用学生导师制； ②创设“奥运会—鸟巢顶棚”情境； ③关注潜能生学习表现。	
395	励志班		
396	励志班		
397	励志班		
403	宏志班	①学生主持课堂； ②创设“地球绕着太阳转的轨迹”情境。	
404	宏志班		
405	宏志班		
401	励志班	创设折纸游戏（一个圆形纸片内，任找一点 P，折其纸片，使边缘通过纸片，折痕构成的轨迹便是椭圆）情境。	
402	励志班		

续　表

班级	类型	导学策略	备注
403	励志班	①“美国国会大厦的结构——椭球形（从一个焦点发出的声音在另一个焦点汇聚）”；②重点关注潜能生。	
404	励志班		
405	励志班		
406	励志班	①采用导师制；②创设“电影放像机原理”情境；③采用激活策略。	
407	励志班		
408	励志班		
409	励志班		
410	宏志班	①学生主持；②创设“奥运会—鸟巢顶棚”情境。	
411	宏志班		
412	宏志班		
413	励志班	折纸游戏（一个圆形纸片内，任找一点 P，折其纸片，使边缘通过纸片，折痕构成的轨迹便是椭圆）。	
414	励志班		
415	励志班		
416	励志班		
417	宏志班	①学生主持；②创设“电影放像机原理”情境。	
418	宏志班		
419	励志班	①合作指导；②创设“神 5 运行轨道”情境。	
420	励志班		
421	宏志班	“美国国会大厦的结构——椭圆形（从一个焦点发出的声音在另一个焦点汇聚）”。	
422	宏志班		
423	励志班	①合作指导；②创设“地球绕着太阳转的轨迹”情境。	
424	励志班		

（三）团本教研

团本教研是指一个班级所有任课教师和班主任组成的教师教育团队成员开展的班级教研活动，也称教师教育团队会议。它旨在解决一个班教育教学、管理中产生的共性问题，提升教师研究和管理能力，促进教师专业化发展。在组织活动方面与组本教研有许多共同之处，如设计、机制、原则、制度、要求、评价等。不同之处在于：一是时间一般两周举行一次。二是研究专题主要包括全班各学科学习方法、潜能生转化、学习效果、培养责任意识、团队合力。具体特指六个常态化专题，如态度、预习、潜能、策略、效益和成绩等。每位教师建好团本教研文件夹。三是时间约为 40 分钟，班主任组织主持记录。在实际操作过程中，召开团本教研活动比组织组本教研活动还要难，因为在教本课堂视野下没有这种教研的影子可循。

· 操作流程同组本教研活动，每次结束后要及时总结，写活动纪事（参照附件 7 - 8）。

· 学校层面做好三项工作：

一是校长要组织班主任召集任课教师参加团本教研。

二是学校根据校情设班科费，主要用于班级个性化文化建设和教师之间关系的改善。

三是鼓励团队成员开展合作教学。要求体现努力师师是“主任”的理念，建立良好的教育伙伴关系，定期组织团本教研，确保团本教研活动质量。

· 研究主题：

一、全班学生、各个小组学习热情和学习兴趣如何？【态度】

二、全班学生结构化预习情况如何？【预习】

三、全班潜能生情况如何？准备采取什么样的针对性策略？【差生】

四、各位教师针对不同学科，将采取什么样的导学策略？【策略】

五、各学科的学习效益如何？【效益】

六、估算本周学业成就情况，期望值是多少。【成绩】

注意，操作时要依据上述六个主题开发使用六套表格，使每位教师都使用文件夹管理方法进行有效管理。【态度】见第七章统一模板《全班学生学习背景分析表》，【预习】见组本教研之统一模板，【潜能生】见附件 7 - 9，【策略】见附件 7 - 10，【效益】见附件 7 - 11，《成绩估算表》见附件 7 - 12。

·值得注意的三个问题：

一是创建以班主任为主各学科教师组成的教师教育团队，这是关键环节，团队建不成，一切设计都白费。学校一定要组织创建教育团队活动，通过创建使每个班的教师教育团队都有自己的组名、口号、愿景、组歌等，激发团队意识和责任意识，使教师教育团队早日实现四个“一”，即做到“认识一致”“理念一致”“行动一致”“策略一致”，真正使团队实现“心往一处想，劲往一处使”。

二是团队形成后要在班主任领导下分工协作，按六个常态化主题来分担相应的任务，并落实在平日的教学工作实践中，最好创建每个人的文件夹。学校要给每位教师发一个塑料文件夹。

三是积极引导教师打破“单打独斗”的传统工作局面，积极走向合作教学、团队指导，千万不要以为没有拿班主任津贴就游离班级教师教育团队。学校要激发教师的工作积极性，挖掘教师潜能，发挥其主观能动性和创造性。

【成功案例分享】内蒙古通辽市十一中学初二（5）班教师教育团队在“内蒙古自治区新课程有效教学实验校展示培训和新型教研文化研讨班”上展示团本教研的过程，班主任郭醒杰老师在主持常态式团本教研活动，深受与会人员的欢迎，并得到高度评价。

【成功案例分享】北京市团河小学四（1）班教师教育团队在“全国‘学本课堂‘联盟推广示范校评估验收活动”中展示团本教研的过程，班主任×××老师在主持团本教研活动。本次活动不是常态式，而是专题式组本教研活动，受到评估专家的高度评价。

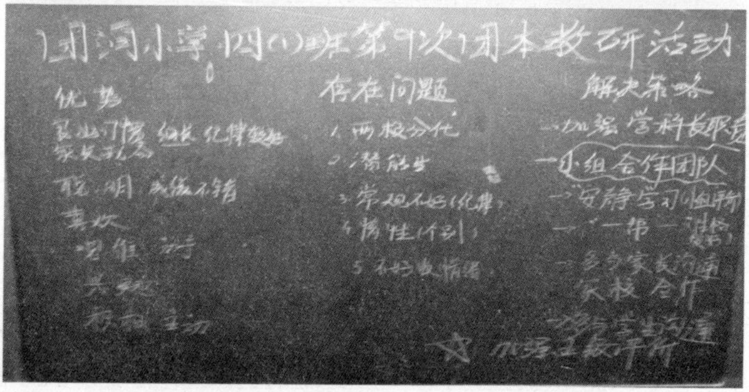

附件 7－9【潜能生】

××年××班潜能生情况统计与转化策略表

组名	潜能生		采取的有效策略	备注
	一般潜能生	重点潜能生		
第一组				
第二组				

续 表

组名	潜能生		采取的有效策略	备注
	一般潜能生	重点潜能生		
第三组				
第四组				
第五组				
第六组				
第七组				
第八组				
备注				

附件 7 - 10【策略】

×年×班“导学策略”设计表

学科	存在问题和原因	采取何种有效策略	备注
语文			
数学			
英语			
物理			
化学			
生物			
政治			
历史			
地理			
备注			

附件 7 - 11【效益】

×年×班各组各学科学习效益完成情况与评估表

学科	第一组	第二组	第三组	第四组	第五组	第六组	第七组	第八组	第九组	备注
语文										
数学										
英语										
物理										
化学										
生物										
政治										
历史										
地理										
备注										

附件 7 - 12【成绩估算表】

×年×班周（或月）学业成绩估算表

学科	语文		数学		英语		物理		化学		生物		政治		历史		地理		备注
	估值	实值	估值	实值	估值	实值	估值	实值	估值	实值	估值	实值	估值	实值	估值	实值	估值	实值	
1 组																			
2 组																			
3 组																			
4 组																			
5 组																			
6 组																			

续 表

<table>
<tr><td rowspan="2">学科</td><td colspan="2">语文</td><td colspan="2">数学</td><td colspan="2">英语</td><td colspan="2">物理</td><td colspan="2">化学</td><td colspan="2">生物</td><td colspan="2">政治</td><td colspan="2">历史</td><td colspan="2">地理</td><td>备注</td></tr>
<tr><td>估值</td><td>实值</td><td>估值</td><td>实值</td><td>估值</td><td>实值</td><td>估值</td><td>实值</td><td>估值</td><td>实值</td><td>估值</td><td>实值</td><td>估值</td><td>实值</td><td>估值</td><td>实值</td><td>估值</td><td>实值</td><td></td></tr>
<tr><td>7 组</td><td></td><td></td><td></td><td></td><td></td><td></td><td></td><td></td><td></td><td></td><td></td><td></td><td></td><td></td><td></td><td></td><td></td><td></td><td></td></tr>
<tr><td>8 组</td><td></td><td></td><td></td><td></td><td></td><td></td><td></td><td></td><td></td><td></td><td></td><td></td><td></td><td></td><td></td><td></td><td></td><td></td><td></td></tr>
<tr><td>备注</td><td></td><td></td><td></td><td></td><td></td><td></td><td></td><td></td><td></td><td></td><td></td><td></td><td></td><td></td><td></td><td></td><td></td><td></td><td></td></tr>
</table>

【成功案例分享】山西省大同市云岗中学 204 班教师教育团队，在班主任屈有保老师带领下积极开展常态式团本教研活动，取得了十分理想的成绩。现把团本教研文件夹中表格展示如下：

第一张表：人员分工表

班级：204 班

组名：桃李组

口号：精诚团结，超越现实，追求卓越

愿景：204 班中考成绩实现平均 620 分，经过三年的团结协作、合作拼搏使所有任课教师人人成长为专家型教师。

分工：

屈老师（班主任、语文、全面）：成绩

麻老师（思品）：态度

张老师（英语）：预习

李老师（历史）：预习

李老师（物理）：潜能生

闫老师（地理）：潜能生

何老师（生物）：策略

陈老师（数学）：效益

第二张表：全班全景式评价表（略）

第三张表：预习情况检查表

第 13 周八年级 204 班学生预习检查评价表

检查日期：2013 年 5 月 29 日；学科：各学科

小组	预习检查评价					备　注
	语文	数学	英语	物理	历史	
1	阅读 8 遍	完成，优	完成，优	完成，优	完成，优	如张子涛、刘洋、宋佳佳等三位同学需要指导预习
2	阅读 9 遍	完成，优	完成，优	完成，优	完成，良	
3	阅读 8 遍	完成，良，赵梦	完成，良，赵梦	完成，良	完成，良	
4	阅读 8 遍	完成，良	完成，良	完成，优	完成，良	
5	阅读 7 遍	完成，良	完成，良	完成，合格	完成，优	
6	阅读 7 遍	完成，良，陈强	完成，良，陈强	完成，合格	完成，合格	
7	阅读 6 遍	完成，良，麻亚琴	完成，良，麻亚琴，赵爽	完成，合格	完成，合格	
8	阅读 6 遍	完成，合格	完成，合格	完成，合格	完成，良	
9	阅读 6 遍	完成，合格	完成，合格	完成，合格	完成，合格	

第四张表：潜能生转化情况表

204 班潜能生情况统计与转化策略表

<table>
<tr><th rowspan="2">组名</th><th colspan="2">潜能生</th><th rowspan="2">采取的有效策略</th><th rowspan="2">备注</th></tr>
<tr><th>一般潜能生</th><th>重点潜能生</th></tr>
<tr><td>第一组</td><td>李连欢 S</td><td>李玉芬 USY</td><td rowspan="8">李连欢、王一波、王胜泽、刘珍、王新民、周娟等同学组内承包指导转化。
刘源、王国清、王辉煌、王宇、刘雅、周东东、李玉芬、孟雪花等同学在组内指导之前各科教师前置一周指导预习。</td><td></td></tr>
<tr><td>第二组</td><td>王胜泽 Y</td><td></td><td></td></tr>
<tr><td>第三组</td><td>王国清 U+Y</td><td>孟雪花 SY</td><td></td></tr>
<tr><td>第四组</td><td>王一波 S，
周东东 Y</td><td></td><td></td></tr>
<tr><td>第五组</td><td>王　宇 W</td><td>刘　雅 SY</td><td></td></tr>
<tr><td>第六组</td><td>王新民 H</td><td>刘　源 YSU</td><td></td></tr>
<tr><td>第七组</td><td>周　娟 S</td><td></td><td></td></tr>
<tr><td>第八组</td><td>刘　珍 Y</td><td>王辉煌 YSU</td><td></td></tr>
<tr><td>备注</td><td></td><td></td><td></td><td></td></tr>
</table>

注明：U 代表语文，S 代表数学，Y 代表英语，W 代表物理，H 代表化学，Z 代表政治，L 代表历史。

第五张表：

204 班学习效益完成情况与评估表

小组	学科	实际效益	预期效益
1		能基本完成预习	人人开口讨论
2		能够完成课后习题	能生成自己的问题
3		能基本完成预习	希望组中李国柱同学能展示
4		能基本完成预习	组中赵阳同学能展示

续 表

小组	学科	实际效益	预期效益
5		能够认真完成结构化预习	人人开口讨论
6		能够完成课后习题	能生成自己的问题
7		能基本完成预习	组中李静同学能展示
8		能基本完成预习	人人能够完成预习
9		能基本完成预习	人人能够完成预习

第六张表：

204 班“导学策略”调试表

小组	策略	备注
1	邢雄伟 一般 一对一 由同伴组内消化，强化合作意识	
2	李玉芳 一般 组内消化 周东东 班内消化，学术助理指导	
3	杨兵 一般 组内消化，落实前置预习	
4	尹文瑞 一般 组内消化，增加《挑战单》	
5	王宇 特殊 老师个性化辅导，加强团队建设	
6	刘元 一般 组内消化，使学科长和小组长进一步合作	
7	李志胜 一般 王国清 特殊 班内消化，激发学习热情	
8	李方杰 特殊 班内消化，加强组内团结协作	
9	高飞 马团 闫银凯 特殊学困生，老师单独辅导	

第七张表：全班学业成就周估算表（略）

（四）学科团队会议

学科团队会议是指学科教师与某一任课班级的学术助理、学科长组成的学科团队成员开展的团队会议，旨在解决本学科教与学过程中产生的问题，激发团队活力，提高学习效益。

·具体操作如下：

一是建立“每周开一次”例会机制。

二是遵循“想人事，说人话，办人事”的原则。

三是时间上约 20 分钟，学术助理主持并记录，并负责撰写活动纪事。

四是研究内容：①研究学习方法；②“差生”转化；③学习效果；④培养责任意识；⑤团队合力等。

五是主要落实本组成员的“会不会”问题。

·通过学科团队会议要达到三个目的：

一是培养本学科学习的领袖学生，发挥骨干带头作用。

二是激发学科长的责任意识，使他们帮助和指导其他成员，尤其是帮助潜能生进步。

三是凝聚团队合力，发挥团队的指导作用，提高本学科学习力。

·师生共同准备：

一是学生准备学科团队成员工作卡（见附件 7 - 13）。

二是教师要根据主题事先准备 PPT 和工作笔记。

三是除学术助理以外，学科长可轮流写活动纪事（见附件 7 - 14）。

附件 7 - 13《学科团队成员工作单》

×班×学科团队成员工作记录卡

<table>
<tr><td>班级</td><td></td><td>组名</td><td></td><td>学科长</td><td></td></tr>
<tr><td>活动时间</td><td></td><td>参加人数</td><td></td><td>活动地点</td><td></td></tr>
<tr><td>组内本学科学习方面存在哪些问题及原因分析</td><td colspan="5"></td></tr>
<tr><td>学科团队会各位学科长及学科教师建议内容记录</td><td colspan="5"></td></tr>
<tr><td>备注</td><td colspan="5"></td></tr>
</table>

附件 7 - 14《学科团队会议活动纪事表》

×××班第×次××学科团队会议活动纪事

班级		学科教师		主持人	
活动时间		参加人数		活动地点	
活动过程与效果分析					
呈现活动照片与附件资料					
记录人签字			学科教师签字		

【成功案例分享】内蒙古通辽市十一中学初二（5）班语文学科团队在“内蒙古自治区新课程有效教学实验校展示培训和新型教研文化研讨班”上展示学科团队会的过程，语文学科学术助理在主持语文学科团队活动，深受与会人员的欢迎，并得到高度评价。

学科组成员使用的工作卡表样。

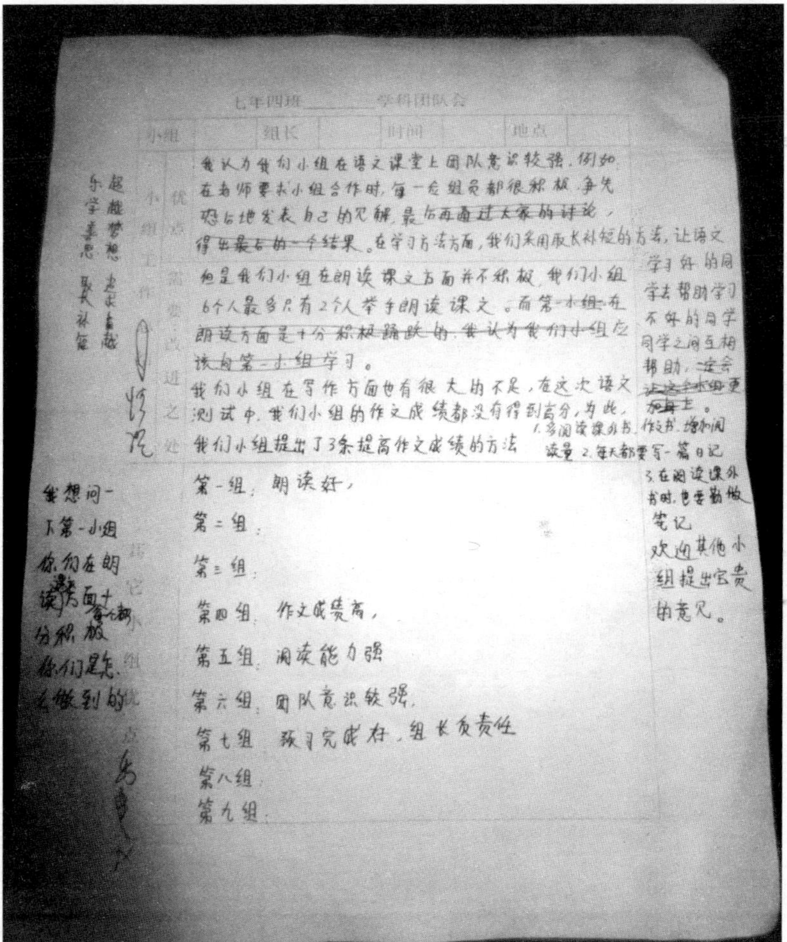
七年四班______学科团队会

小组		组长		时间		地点	

小组工作

优点：我认为我们小组在语文课堂上团队意识较强，例如在老师要求小组合作时，每一位组员都很积极，争先恐后地发表自己的见解，最~~后再通过大家的讨论，得出最后的一个结果~~。在学习方法方面，我们采用取长补短的方法，让语文学习好的同学去帮助学习不好的同学，同学之间互相帮助，~~一定会让这个小组更加向上~~。

需要改进之处：但是我们小组在朗读课文方面并不积极，我们小组6个人最多只有2个人举手朗读课文。而第~~一小组在朗读方面是十分积极踊跃的，我认为我们小组应该向第一小组~~学习。

我们小组在写作方面也有很大的不足，在这次语文测试中，我们小组的作文成绩都没有得到高分，为此，我们小组提出了3条提高作文成绩的方法 1.多阅读课外书、作文书，增加阅读量 2.每天都要写一篇日记 3.在阅读课外书时，也要勤做笔记

欢迎其他小组提出宝贵的意见。

其它小组优点：

第一组：朗读好，

第二组：

第三组：

第四组：作文成绩高，

第五组：阅读能力强

第六组：团队意识较强，

第七组：练习完成好，组长负责任

第八组：

第九组：

超越梦想　忠实自我

乐学善思　聚沙成塔

我想问一下第一小组你们在朗读方面十分积极，你们是怎么做到的

初二（5）班语文学科团队会活动记录。

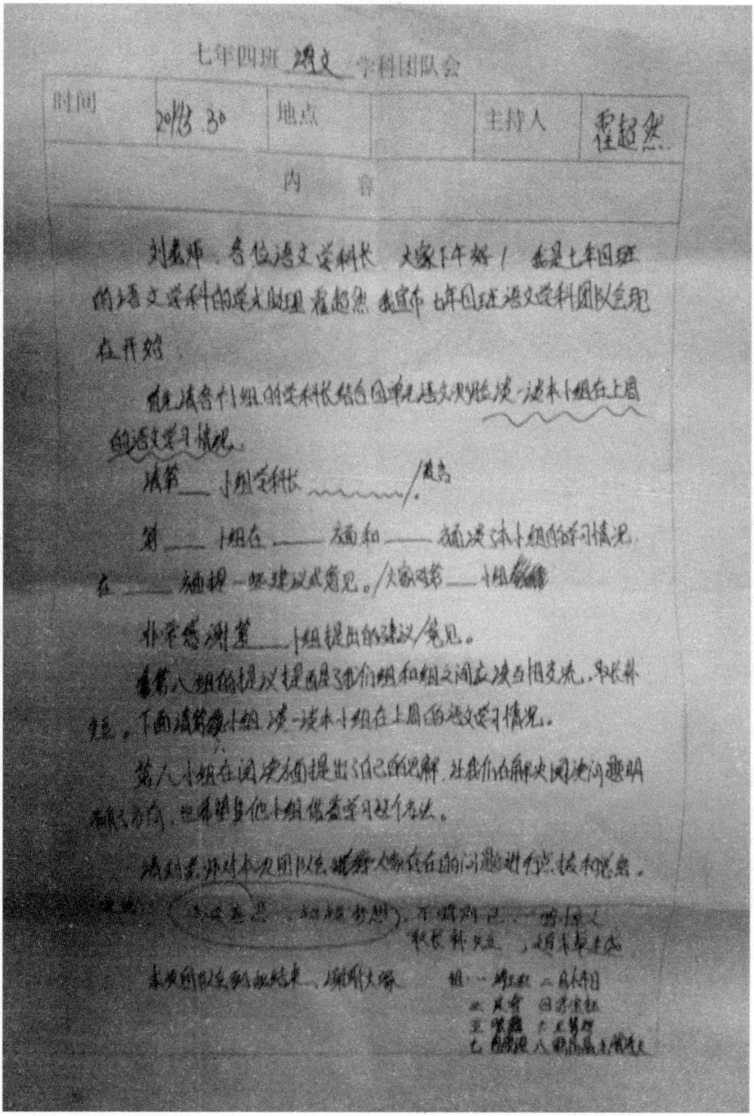

七年四班 语文 学科团队会

时间	2013.3.30	地点		主持人	霍超然
内容					

刘老师、各位语文学科长，大家下午好！我是七年四班的语文学科的学术助理霍超然。我宣布七年四班语文学科团队会现在开始。

首先请各个小组的学科长结合国际（?）语文课……读一读本小组在上周的语文学习情况。

请第___小组学科长______发言。

第___小组在___方面和___方面读了本小组的学习情况，在___方面提一些建议或意见。/大家对第___小组……

非常感谢第___小组提出的建议/意见。

……八组的提议提醒了我们组和组之间应该互相交流，取长补短。下面请第……小组读一读本小组在上周的语文学习情况。

第八小组在阅读方面提出自己的见解，让我们在解决阅读问题……，值得其他小组借鉴学习这个方法。

请刘老师对本次团队会……大家存在的问题进行点拨和总结。

[illegible]

本次团队会到此结束，谢谢大家。 [illegible]

【成功案例分享】锡林浩特市第三中学初二（8）班数学学科团队在“学校新课程有效教学研究阶段性成果展示会”上展示学科团队会的过程，数学学科学术助理在主持数学学科团队活动。

（五）行政团队会议

行政团队会议是指一个班主任带领主任助理、学习长及小组长召开的行政团队会议，旨在解决全班学习生活中产生的问题，增强全班团队凝聚力，激发全班团队学习活力，提高全班学习力。在组织活动方面与学科团队会议有许多相同之处。

·具体操作方面：

一是时间上一周（或两周）召开一次行政团队会议，各小组长平时利用工作单做好记录（《行政团队成员工作记录卡》见附件7 - 15）。

二是每次活动时间约 20 分钟，主任助理主持记录并负责撰写活动纪事（见附件 7 - 16）。

三是研究内容主要是关注学习方法、管理和效果，培养责任意识和团队合力。

四是会议主要落实全班同学的“学不学”问题。

·通过行政团队会议要达到三个目的：

一是激发主任助理、小组长等人的责任意识，使他们敢于担当和负责。

二是发挥他们的示范带头作用，使他们帮助和指导其他成员，尤其是帮助潜能生进步。

三是凝聚班级的团队合力，提高学习士气，营造积极、向上、合作、健康、和谐的团队学习氛围，增强全班学习力。

·师生共同准备事项：

一是各小组长平时要准备团队成员工作记录卡（见附件7 - 12）。

二是教师要根据主题需要事先准备PPT和工作笔记。

三是小组长轮流主持和写活动纪事（见附件7-13）。

附件7 - 15《行政团队成员工作单》

×班××行政团队成员工作记录卡

研究主题					
班级		组名		小组长	
活动时间		参加人数		活动地点	
本组内学习态度、学习行为表现方面存在哪些问题及原因分析					

续　表

各位小组长及班主任教师的建议内容记录	
备注	

附件 7-16《学科团队会议活动纪事表》

×××班第×次×××行政团队会议活动纪事

研究主题					
班级		组名		小组长	
活动时间		参加人数		活动地点	
活动过程与效果分析					

续 表

呈现活动照片与附件资料			
记录人签字		班主任签字	

【成功案例分享】河南省洛阳市新城实验学校四（1）班行政团队在“全国新课程有效教学研讨与阶段性成果展示会”上展示行政团队会的过程，主任助理在主持行政团队会活动，受到与会领导和人员的高度评价。

【成功案例分享】内蒙古通辽市十一中学初二（1）班行政团队在“内蒙古自治区新课程有效教学实验校展示培训和新型教研文化研讨班”上展示行政团队会的过程，主任助理在主持行政团队会活动，受到与会人员的欢迎和高度评价。

【成功案例分享】安徽省霍山县文峰学校七（21）班行政团队在“全国‘学本课堂’联盟推广示范校评估验收活动”中展示行政团队会的过程，班主任冯亚枫老师指导，主任助理主持行政团队会活动，取得了较好的活动效果。

以上新校本教研、组本教研、团本教研、学科团队会议和行政团队会议等五个以学习者学习为本的教研活动是学校教研活动的新生事物，是对传统教本教研的创新和超越。在实践指导过程中遇到很多困难，创建过程并非一帆风顺。第一个难题就是认识问题，许多教师难以摆脱传统教研观念和意识；第二个难题就是合作问题，许多教师长期“单打独斗”惯了，与组内不同程度的教师合作，或是不能接纳，或是跟不上，或是融不进去；第三个难题就是行为转型，因为我们广大教师在传统教本教学视野下习惯了被动式、跟班式教研，在结构化教研设计方面，面对平时观察、记录、研究，就感觉难以适应；第四个难题是潜能发挥问题，在传统教学视野下我们教师一般不用动脑子工作，往往都是靠“想当然”的经验来应付工作，面对人本化的细节性工作，就遇到了挑战。这些难题是现实的，责任也不在我们广大教师，这些“毛病”基本上都是传统教学带给教师的“后遗症”，需要我们共同努力，不断挑战自我，超越现实，才能更好地走进学本教研，才能走进“三研两会”，才能促进教师专业成长。但是，在指导过程中发现一个亮点，就是我们的中小学生，不论是中学生，还是小学生（三年级以上），都非常适应，表现得意想不到的出色。希望我们广大学本教师呵护和支持他们！写到这里，笔者有很多感触，但是不能写了，一是篇幅太长了，二是心里很乱，想起了许多创建之艰难……

各位读者，建立以“三研两会”为主要途径的师生合研的新教研体系是一项系统工程，这要涉及认识提高、思维转型、习惯改变等复杂问题。要通过“三研两会”激发教师和学生的学习、工作积极性、主动性和能动性，激活他们的生命活力，让他们全身心投入高质量的学本课堂创建活动中。其实，这个参与、投入的过程就是学生成长、教师发展的真实过程。为了使“三研两会”在职能上真正发挥其保驾护航的作用，我们广大教师要认真学习，系统思考，积极探索，创新行动，用激情、智慧和心血来铸就高质量、体现核心素养、以学习者学习为本的课堂。

参考文献

［1］韩立福．韩立福：有效教学法［M］．北京：首都师范大学出版社，2012．

［2］韩立福．韩立福与学本课堂［M］．北京：北京师范大学出版社，2015．

［3］韩立福．学本课堂原理：一种根植中国课堂教学创新的理论建构与实践探索［M］．长春：东北师范大学出版社，2015．

［4］联合国教科文组织国际教育发展委员会．学会生存：教育世界的今天和明天［M］．北京：教育科学出版社，1996．

［5］希拉・奥斯特兰德，林娜・赛斯瑞德，南希・奥斯特兰德．超级学习法［M］．范立云，

张莲，杨青，译. 北京：中国戏剧出版社，2001.

[6] 顾明远，孟繁华. 国际教育新理念 [M]. 海口：海南出版社，2001.

[7] 高文，徐斌艳，吴刚. 建构主义教育研究 [M]. 北京：教育科学出版社，2008.

[8] 约翰·杜威. 民主主义与教育 [M]. 王承绪，译. 北京：人民教育出版社，1990.

[9] 亚历克·克莱因. 揭秘美国最好的中学 [M]. 马蕾，李旭晴，译. 上海：华东师范大学出版社，2009.

[10] 詹森. 超级教学：第四版 [M]. 尹莉莉，马慧，屈文研，译. 北京：中国轻工业出版社，2010.

[11] 王晓春. 第 56 号教室的玄机：解读雷夫老师的教育艺术 [M]. 北京：教育科学出版社，2013.

[12] 考利. 学生课堂行为管理：第三版 [M]. 范玮，译. 北京：教育科学出版社，2013.

[13] 托尼·瓦格纳. 教育大未来 [M]. 余燕，译. 佛山：南海出版社，2013.

[14] 佐藤学. 教师的挑战：宁静的课堂革命 [M]. 钟启泉，陈静静，译. 上海：华东师范大学出版社，2012.

[15] 佐藤学. 学校的挑战：创建学习共同体 [M]. 钟启泉，译. 上海：华东师范大学出版社，2012.

[16] 珍妮特·沃斯，戈登·德莱斯. 学习的革命：通往 21 世纪的个人护照 [M]. 顾瑞荣，陈标，许静，译. 上海：上海三联书店，1998.

[17] Robert Delisle. 问题导向学习：在课堂教学中的运用

[M]. 方彤，译. 北京：中国轻工业出版社，2004.

[18] 李猛. 思维导图大全集 [M]. 北京：中国华侨出版社，2010.

[19] 郑金洲. 问题教学 [M]. 福州：福建教育出版社，2005.

[20] 朱慕菊. 走进新课程 [M]. 北京：北京师范大学出版社，2002.

[21] 张卓玉. 第二次教育革命是否可能：人本主义的回答 [M]. 北京：商务印书馆，2009.

[22] 叶澜. 课程改革与课程评价 [M]. 北京：教育科学出版社，2001.

[23] 石中英. 知识转型与教育改革 [M]. 北京：教育科学出版社，2002.

[24] 钟启泉，李雁冰. 课程设计基础 [M]. 济南：山东教育出版社，2000.

[25] 高文. 现代教学的模式化研究 [M]. 济南：山东教育出版社，2000.

[26] Robert J Marzano，Debra J Pickering，Jane E Pollock. 有效课堂：提高学生成绩的实用策略 [M]. 张新立，译. 北京：中国轻工业出版社，2002.

[27] Vernon F Jones，Lonuise S Jones. 全面课堂管理：创建一个共同的班集体 [M]. 方彤，等译. 北京：中国轻工业出版社，2002.

[28] Stephen D Brookfield ，Stephen Preskill. 讨论教学法：实现民主课堂的方法与技巧 [M]. 罗静，褚保堂，译. 北京：中

国轻工业出版社，2002.

[29] Carol Marra Pelletier. 成功教学的策略：有效的教学实习指南. 方李庆，孙麒，译. 北京：中国轻工业出版社，2002.

[30] 梅里尔·哈明. 教学革命：创新教育课堂设计 [M]. 罗德荣，译. 呼和浩特：内蒙古大学出版社，2002.

[31] 加里 D 鲍里奇. 有效的教学方法：第四版 [M]. 易东平，译. 北京：中国发展出版社，2002.

[32] 李洪玉，何一粟. 学习动力 [M]. 武汉：湖北教育出版社，2011.

[33] 刘邦辉. 学习的力量 [M]. 北京：北京理工大学出版社，2012.

[34] 陈建翔，王松涛. 新教育：为学习服务 [M]. 北京：教育科学出版社，2002.

后　记

综合素质评价、学业水平和核心素养是在新高考背景下的三个关键词。对中小学而言，我们一线教师如何把握当前教育教学改革的这三个关键词，处理好三者的关系，在学科教学中培养核心素养、提高学业水平，是当前我们亟须思考和解决的现实问题。

面对这个现实问题，东北师范大学出版社组织编写了本套“学业评价”丛书，具体内容以《基于培养核心素养的有效学习和学业评价策略》为标准，覆盖了中小学各个学科。本套丛书具体阐述了综合素质评价、学业水平和核心素养关系、内容、价值、意义以及实施思路和策略，为我们一线教师提供了在学科教学中培养核心素养，提高学业水平的理念、原则、手段、方法和策略，也可以说是为大家提供了行动的指南。

学科教师在学科教学中要体现素质教育思想和新课程理念，积极转变教学方式，创建以学习者（学生、教师和参与者）学习为主的课堂教学。在这种以学习为中心的课堂学习中，要抓住“两条线”和“一个载体”：第一条线是在课前、课中和课后落实和培养学生的“核心素养”；第二条线是在课前、课中和课后落实学生的学业水平评价，保障学生的学业成绩。“一个载体”就是建立学科学习文件夹，从开学初到学期末，学科教师指导学生学会使用“学科学习文件夹”。我们通过这个全程性“载体”，记录学生学科的核心素养培养和学业水平提升的全过程，表征着学生综合素质发展的成长经历。

在第一条线抓“核心素养”的过程中，我们学科教师采用自主探究、合作探究、拓展探究的学习方法，开展有效的学习活动。同时，将核心素养的 18 个基本点落实在课前、课中和课后的有效学习活动中。这条线可以理解为“学法”线，就是指采用体现核心素养的自主合作探究学习方法进行有效的学习，发展和培养学生的核心素养，提高学生的综合素质水平。

在第二条线抓“学业水平”的过程中，我们学科教师要做好课前、课中和课后三个阶段的学业水平评价。把学生的“知识”转化为学生“成绩”的过程，大体可分为课前自主探究学习阶段、课中合作探究学习阶段和课后拓展探究学习阶段。在此过程中，引进“课堂学习评价”和“各个阶段的学业水平评价”，使学业水平评价能够“落地”。引进三种“工具单”：①课前自主探究学习所使用的《基础知识评价单》，对基础知识和技能掌握程度进行科学、多元化评价；②课中合作探究学习所使用的《问题解决评价单》，对重难点问题通过合作探究的方式来解决，培养学生解决问题的能力；③课后拓展探究学习所使用的《目标达成评价单》，将量化评价和质性评价相结合，将例题、习题、练习题完成情况进行量化管理，对课后研究性学习、拓展性学习和课后总结进行描述性评价。

在建设“一个载体”的过程中，我们学科教师要指导学生管理好各个学科文件夹，按照学科文件夹管理办法，积累所有的过程性材料和资料，学会自我管理和自我评价，全面提高自我管理水平和能力。我们通过这个过程性、保障性“载体”，使学生的核心素养得到有效发展，使学生的学业水平得到进一步提高。

这套“学业评价”丛书由于学科教师认识水平、编写能力的不同，在结合学科特点的过程中可能存在一些差异。再加上写作时间紧张，可能会出现一些失误，敬请谅解！

韩立福

2018年7月12日